鈴木実歩著

未来を自由に選ぶ力

WAVE出版

はじめに――あなたの人生を大きくシフトしよう

もう満員電車には乗りたくない

長い会社員時代、私にとって一番苦痛だったのは、満員の通勤電車でした。

毎朝、ホームに到着する電車は、サラリーマンでギュウギュウ状態。ドアが開いて中の人の数にうんざりするけれど、それを1本見送ったところで、どうせ次の電車も満員だからと覚悟して、人と人の間に体をねじ込み、どうにか乗り込む。

電車の中は殺伐とした空気で、まるで怒りのエネルギーが蔓延しているよう。みんなイライラして自分の身を守ることに精いっぱいで、人に配慮する余裕なんて、とてもない。誰かのバッグが体にぶつかったり、足を踏まれたりすると、反射的に心の中で舌打ちする。

夏の満員電車はとくに最悪で、誰かのワイシャツ越しの汗が自分の腕にベッタリ張り付く。

「なんで、毎朝、こんな目に合わないといけないんだろう……」

不快感に顔が歪む。

ようやく最寄りの駅に着き、会社のあるオフィスビルまで歩く。エレベーターでは女性社員が乗降ボタンを押すのが暗黙のルールで、「ありがとう」も言わずに降りていくおじさんたちに、心の中でまた舌打ちする。

朝9時。今日も自分のデスクに始業時刻ギリギリに着席する。

これから夕方6時まで、このオフィスから一歩も外に出ずに1日を過ごすんだ……。

ほんと、私の人生って、なんなんだろう？

不満を顔に張り付けたまま、今日もまた仕事が始まる——私の会社員生活の後半数年は、そんな毎日の繰り返しでした。

会社を辞めて起業の世界に

はじめまして、鈴木実歩です。

私が「金なし、夢なし、彼氏なし」の人生に失望し、10年間の会社員生活を手放したのは、31歳のときでした。資金も実績も、人脈もゼロの状態から、起業の世界に飛び込みました。

あのころ私が唯一持っていたのは、クライアントの悩みを整理し、目標達成をサポートするコーチングの資格。最初はそれを活かし、「未来シフト・コーチング」という肩書きで、クライアントと1対1で行う女性専門のコーチングセッションを、90分3000円から始めました。

クライアントの表情がパッと明るくなったり、時には涙を流して心の内を明かしてくれたり……。目の前の女性がみるみる変化し、輝いていく数カ月をともにできるその仕事に、私は夢中になりました。来る日も来る日も休みなく、カフェやSkypeを使って1日中セッションを続けました。

起業して3カ月後には、「理想の未来を実現する目標達成セミナー」を定期的に開催するようになり、継続的にサポートするクライアントの数も10名以上となったため、月商は100万円を超えていました。

その後、私自身が実践した起業のノウハウとマインドセット――従業員マインドを捨て、起業家マインドをインストールすること――を体系化して講座にした「未来シフト起業塾」を開講。説明会には、全国から受講希望者50名以上が集まり、面談に合格した20名の受講生と共に起業塾をスタートし、その月の売上は７００万円超に。それは、私が会社を辞めてちょうど1年になろうというときのことでした。

起業塾の開講とともに、私は現在の未来シフト株式会社を立ち上げ、代表取締役社長になりました。「30歳を過ぎて正社員を辞めたら、もう元の生活には戻れない……」と、大きな不安を抱えながら会社員生活を手放した1年後に、まさか自分が会社の社長になっているなんて、想像もしていないことでした。

「未来シフト起業塾1期」「同２期」では、たった3カ月の講義の間に、コーチ、コンサル業などで月商１００万円を超える受講生が続出。まるで青春時代に戻ったかのように、受講生たちとみんなで一緒に、応援し合い、互いの相談に乗り、成功に拍手を送りながら駆け抜けた3カ月間……。彼女たちの表情が、マインドが、経済状況が、そして人生が高速に変わっていくのを目の前で見ることは、本当にエキサイティングなことでした。人は、未来を変えられるのです！

起業塾はその後、会場開催だけでなく、オンライン講座も展開し、1回の受講生の数は80人、１００人と大型に。また東京のみならず、名古屋、大阪、福岡でも開催。

会社は初年度から1億円を超える売上になっていました。

場所を変えて〝自分〟という花を咲かせよう

会社員時代、私は〝使えない社員〟でした。でも、自分という花を咲かせる場所に勇気を振り絞って移動し、トライ&エラーを重ね続けたことで、あっという間にのびのびと成長できるようになったのです。

働き方を変えただけで、人生がここまで変化し、見える景色のまったく違う場所に来られるなんて、会社を辞めた当時は想像もしていませんでした。そして、

「**自己変革**」**と**「**未来シフト**」――それが私の人生のテーマになりました。

時間は、とめどなく流れるものではなく、**自らの命のかけら**だと思い、大切に大切に扱うようになりました。他人に合わせて我慢して、時間を失うことのないように、すべての予定に対して、

「これは、私の命のかけらを使ってでもやりたいこと？　会いたい人？」と、自問する癖をつけました。その結果、スケジュール帳にあるのは、「自分で選んだ大切な

予定」だけになりました。

場所についても**自由**です。固定されたオフィスのデスクで1日を過ごすのではなく、旅先や、お気に入りのラウンジも仕事場に。雨の降る日は外出をやめて、自宅のソファでパソコンを使うこともあります。毎日帰るたびにエネルギーがチャージされる、住み心地のいいマンションにも住めるようになりました。

お金は、1カ月の我慢の対価として月1回振り込まれるものではなく、**自分の手で生み出せるもの**になりました。人の成長にかかわったり、感謝されたり、社会に価値を提供することの対価としてお金が循環するようになりました。

「この先何があっても、自分と家族くらいは生活できるお金はつくれる」という小さな自信も持てるようになったことで、20代からずっとつきまとっていた**漠然とした将来に対する経済的な不安からも解放**されました。

そして、何よりも一番大きな喜びは、**人とのかかわり方が大きく変わったこと**です。つくり笑いをしたり、媚びをうったり、誰かと比較して落ち込んだりすることがなくなり（以前の私は、同僚や女友だちと自分を常に比較して、勝った気になったり落ち込んだりを繰り返していました）、自分に対しても、人に対しても正直になりました。

口に出していることと腹の中で思っていることが一致して、自分に対する違和感もなくなったのです。仕事でもプライベートでも、応援したい人、好きな人、尊敬する人たちと人間関係を重ねるようになり、ストレスや我慢がなくなりました。

今、私は、大好きなことを仕事にして毎日を過ごせています。小さなことからも幸せを感じられるようになりました。多くの受講生も、そう変わりました。

起業してから短期間で実績を上げられたことよりも、自分や受講生が少しずつよい人間に成長できていること、**「時間的自由」「経済的自由」「選択の自由」「人間関係の自由」を感じながら、「自分で自分の人生の舵を取っている」と実感できることに、何よりも喜びを感じています。**

会社員時代の〝不安と不満でいっぱいで、気分が上がったり下がったりと忙しい〟毎日とは、対極の日々を生きられるようになりました。

新しい自分に変わる旅へ

私はこの3年間、コーチングセッションやセミナー、起業塾やアカデミーを通して、3000人以上の女性たちとかかわり、たくさんの受講生たちとともに走ってきました。時代が急速に進み、「今までの常識」があっという間に変化する現在、本当にたくさんの女性たちが、働き方や生き方を必死に模索しています。

少し前の時代のように、「幸せな人生＝安定した企業に勤め続け、結婚して、子どもを生んで育て、マイホームを建て、定年後に夫婦で海外旅行をする」という考え方は、もう通用しなくなっていることはみんなが気づいているはず。

では、どうやって「〝私〟が目指す幸せな人生」をつくっていけばいいのでしょうか？それをみんなが必死に探そうとしているように思います。

「がんばって仕事を続けてきたのに、なんだか全然報われない」
「それなりにまじめに生きてきたのに、どうしてこの程度の人生なんだろう？」
「何かをしたいけれど、お金のことが心配で、第一歩を踏み出せない」
「そもそも自分が本当にどんな人生を生きたいのか、はっきりわからない……」

この本は、以前の私自身のように、悩みを抱えながらも自らに対する希望を持ち続け、必死にがんばっている女性たちに向けて、少しでも未来を変えるヒントになればという想いを込めて書きました。10年間普通の会社員だった私が、小さいながらも日々数多くのことに挑戦し、何度も何度も小さな失敗を繰り返しながら挑戦してきた、小さな「自己変革」と大きな「未来シフト」について伝えていきます。

今のあなたの「現在地」を知り、自身の内側から湧きだす輝きを取り戻して、情熱の源泉を見つけ、〈理想の未来〉へ進んでいくきっかけになったら本当に嬉しいです。

今、置かれている場所で、我慢をしたり必死になったりするよりも、場所を移動することで、「あなた」という人生の花は、もっともっとのびのびと大きく花開くはずなのです。

さあ、私と一緒に、**新しい自分に出合う旅——理想の未来にシフトする道**に向かって、歩き始めましょう。

2018年1月

鈴木 実歩

未来を自由に選ぶ力――目次

はじめに――あなたの人生を大きくシフトよう！
もう満員電車には乗りたくない　3
会社を辞めて起業の世界に　4
場所を変えて〝自分〟という花を咲かせよう　7
新しい自分に変わる旅へ　10

第1章 不安の先には光る扉がある！
欠乏感と焦りをいつも抱えていた　20
バカのふりをしていると本当にバカになる　24

第2章

〝現在地〟から未来が始まる！

マンガ喫茶で気づいた私の現実 28
原点は「金なし、夢なし、彼氏なし」 31
「自分が変わると世界が変わる」はホント！ 33
人生の転機となった台湾ツアー 38
人生の「転機」は自分でつくれる。
自信がない時ほどインプット中毒になる 46
イメージのサンプルを集めよう 48
日常への不満は「未来へのリクエスト」 51
定期券を捨てて通勤ルートを変えてみたら… 56
「なんのために働くか」を教えてくれた人 58
未来のリクエストを小さな行動に変換する。

第3章

時間を変えれば、あなたが変わる！

大切な命のかけらを〝時間泥棒〟から守れ！　64
テレビを捨てて人生に集中したら…　67
無駄なお付き合いは〝キャラ設定〟で撃退　69
自分を「一番のお客様」と思って時間を使う　72
未来から逆算して今日のスケジュールを決める　73
手帳に向かう朝の15分が人生を動かす　77
スキマ時間を活かせば1日が3時間延びる　83
「時間区切り」で集中力を高めよう！　86

今日の1分、1時間が積み重なって人生になる。

第4章

小さな成功のクセをつけよう！

自分でお金をつくった経験、ありますか？ 92
好きなことがお金になった「旅会」の企画 93
「生み出す側」に立つと、景色が変わる 96
まずは身のまわりのものを売ってみよう！ 100
モノって、どうすれば売れるのだろう？ 103
失敗しないビジネスの4原則 106
モノだけでなくスペースだって商売になる 109
人より半歩先に進めば、それが仕事になる 112
最初の一歩を踏み出せば、次の扉が開かれる 115
「知っている」と「やったことがある」は違う 118
いきなり全部がうまくいくとは思わない 122

最初の一歩、小さな成功から未来が広がる。

第5章

人間関係はお金より大切だ！

「未来の私」の友人たちを先取りする 126
講師にも味方にして応援してもらえばいい 128
相手の「脳内シェア」を取る人は成功する 137
成功者と話すとき注目すべきは？ 138
コミュニケーションを幸せに変える3つのチカラ 140
その人はあなたにとって本当に必要な人？ 143
人には明確な目的を持って会いに行く 145
感情的なトラブルを起こさない4つのステップ 147
愛と応援の気持ちで相手をつつむ 151
充電ができるホームを持つ 153
結婚生活は「会社運営」と同じ 155

いい人間関係は自分の幸せを育てる。

第6章

情熱的に今すぐスタートしよう！

毎日夢中で取り組めることに絞る　160
最初は大きなビジョンなんてなくていい　164
スタートするときは、とにかく一点集中突破！　167
相手は何を期待しているのだろう？　170
大きな夢の、小さいサイズをすぐにやる　173

夢中になれることをひとつだけ、ミニサイズから。

第7章

想像以上の未来へシフトしていこう！

「私はこういうタイプ」に執着しすぎない 180
欠点こそ思わぬ〝輝きのヒント〟 182
自分自身を最強の味方に変える 184
今日があなたの「人生の転機」と決めて 187
あなたは未来を自由に選べる。

おわりに 191

装幀　加藤愛子（オフィスキントン）
カバー写真　山野浩司
DTP　NOAH

第1章

不安の先には
光る扉がある！

欠乏感と焦りをいつも抱えていた

「私のいる場所は、ここじゃない……」

静岡の田舎で小・中・高と過ごしていたときも、海外に留学をしたときも、東京で社会人生活を始めたときも、心のどこかでいつもそう思っているところがありました。

もっと自分に合う仕事や環境があるはずだ！

と、20代のころは、何度も何度も転職や引っ越しを繰り返していました。

しかし、住む場所を変えても、職場を変えても、やっぱりイマイチしっくりこない。

「**欠乏感**」と「**焦り**」**が常にあった**ように思います。

当時の私自身に対するセルフイメージは、「飽きっぽくて、何も続かない人」。

小さいころからピアノや塾などの習いごとも、まともに続いたことがありません。大人になってから趣味を見つけようと、カメラやギターを始めても、やっぱりすぐに飽きてしまいます。

夢中になる趣味があって、思いっきりはまっている人たちが、心底うらやましく、「私は没頭するものも、長く積み重ねているものもない……」と、人と比較しては落ち込んでいました。

新しい職場で仕事を始めて、一生懸命働いていた時期もありましたが、結局またどこかのタイミングで思うのです。

「私のいる場所は、ここじゃない……」

実は、**根本的な問題はその職場や環境にあったのではなく、まさに私自身の中にあったのですが、**それに気づくのは、まだ何年も先のことでした。

20代半ば、転職先の化粧品メーカーで宣伝販促部に配属されました。社員の平均年齢が若く、活気にあふれたその会社で、私は仕事に邁進しようと必死になりました。コスメや香水に囲まれた仕事場はとてもワクワクするところだったし、担当していたマーケティングやPRの業務も、好奇心を刺激するものでした。

有名女性誌へのキャラバンや、プレス向け新作発表会の運営、広告の撮影など、見とても華やかな部署（日々の業務は本当に大変で、実際は泥臭いものでしたが）で、ほかに夢中になれるものがなかった私は、〝東京の真ん中で、キラキラした仕事に夢中になれること〟自体が嬉しくて、業務をどんどん受けていきました。

結果、仕事量はパンクしそうなほどに膨れていきます。平日は深夜12時40分の最終電車にどうにか乗り込み、自宅の最寄駅で降りると、駅の横にあるオリジン弁当を買う。一人暮らしのワンルームマンションに帰宅し、ボーッとした頭のまま無心でお弁当を食べ、倒れるように眠る。数時間寝て、朝起きて化粧をしてまた出勤する。土日に会社に行くことも珍しくなく、月150時間を超える残業が続きました。

仕事は楽しい。ほかの社員のみんなも、がんばって働いている。

だから自分も、がんばらなきゃ、がんばらなきゃ、がんばらなきゃ……。

頭ではそう考えながらも、感情はどんどん不安定になり、常に極度の緊張とイライラでいっぱい。

そしてあるころから、帰り道にボロボロと涙が出るようになったのです。

でも、泣いて帰っても、散らかった部屋で一人ぼっち……。

これだけ働いても、残業手当は一切つかない。精神的にも、経済的にも、綱渡りのような生活。

「こんな働き方をずっと続けられるわけがない」

「このままでは、私はダメになってしまう……」

最後は逃げるように、その会社をあとにしました。

違和感の原因は誰かではなく自分にある

バカのふりをしていると本当にバカになる

その後、長い転職活動が実を結び、化粧品メーカーのころよりもずっと年収が高い上場企業への転職に成功しました。

そして、前職で「仕事は、がんばるほど大変になる」という状況を目の当たりにした私は、次の会社ではなんと、〝バカのふり〟をして、仕事が集まってこない楽なポジションをとろうとしたのです。

年齢は30歳を間近に控えていたので、

「私はこの上場企業で安定したお給料を毎月もらい、その間に結婚し、育児手当、育休をしっかり取得するんだ。キャリアを積むことが目的じゃない。がんばればがんばるほど、また仕事に忙殺されて、結婚が遠のいてしまう。

だからとにかく、ストレスや負担がかからないように、残業のない、楽な仕事をしていきたい……」

と、今思い返すと信じられない話ですが、本心からそう思っていたのです。

仕事を依頼されても時間をかけてダラダラとやり、会議に出ても無言のまま、ただ席に座っているだけでした。

それらの効果は絶大で、私は本当に〝仕事が集まらない人〟になりました。

いつもやる気がなく、席をしょっちゅう外して、トイレの個室でスマホをいじって時間を潰しながら、心の中では「あー、早く帰りたい」。１日中何度も時計を見ては、終業時刻までの時間を確認していました。

そうやって、いつも何かがズレているような違和感を抱えながら、毎日を生きていました。**口に出して言っていることと、腹の内で思っていることと、行動のすべてがちぐはぐで、噛み合っていませんでした。**

でも、違和感は抱えていても、

「じゃあ、私は、本当は何を望んでいるの？」

ということに対する答えも出てきません。

そもそも、自分とじっくり対峙することもしていなかったので、自身の望みなんて、よくわからなかったのです。

同僚とのランチ時間には、全然おもしろくないのに愛想笑いをしたり、心の中では「面倒くさい」と思いながらも、先輩の自慢話をうらやましそうに聞いたり。**自分の頭で考えず、本音で語ろうとせず、1日を流れるままにとりあえずやり過ごし**、金曜日になったら「ストレス発散だ！」と飲みに行く。

平日の不完全燃焼感を巻き返すように、週末は遊びの予定をギッシリ入れて、「私は充実している」と思い込もうとする……。

そんなふうに、1週間、1カ月、1年を過ごしていました。

でも、おそろしいことに、そうしているうちにだんだん、自分がバカのふりをしているのではなく、本当にバカになっていくように感じるようになったのです。

簡単な事務作業でさえも、ほかの女性社員たちが手際よく次から次へと進めていく中で、私は倍ほど時間がかかっていました。

「私は、こんなこともできないのか……」

ショックでした。そして、猛烈に不安になってきたのです。仕事に忙殺されないように、負担がかからないようにと、仕事ができないキャラを装っていたつもりが、

「本当に何もできなくなっている!?」

と、怖くなりました。

「鈴木は、本当にやる気がないな」

そんなまわりからの評価にも、自分に対する信頼がないと、心がいちいちグラつきます。ネガティブな強い言葉は、ダイレクトに私のセフルイメージをつくっていくのです。

「私は仕事ができない」

「私は、目標も情熱もなく、使えないやつ」

まるで自身に呪いをかけていくかのように、**無意識のうちに自分を責める言葉が頭**

に浮かぶことが多くなり、自分のことがどんどん嫌いになっていきました。

バカのふりはあなたを救わない

マンガ喫茶で気づいた私の現実

「今のこの状態は、何かがおかしい」

そう感じていながらも、何をどう変えればいいのか、答えは簡単に見つかりません。でもやっぱり、「何かがおかしい」ことは確かだったのです。

ある時期、会社のお昼休み時間に、同僚たちと過ごす場所から抜け出したくて、近くにあるマンガ喫茶に通っていたことがあります。お昼の明るい時間に、薄暗い個室に入り、マンガを読んだり、インターネットをしたり、ウダウダと思いを巡らせたりしてていました。

その日の昼休みもマンガ喫茶に逃げ込み、ヘッドホンを耳につけ、テレビを見ていました。するとそこには、フィギュアスケートの大会で演技を披露している浅田真央ちゃんの姿が。私はその演技の一部始終を、感動しながら見入っていました。

そして見終えたあと、突然、彼女と自分との間に**天と地ほどの差を感じて、打ちのめされたのです**。

日本中の期待を背負い、ものすごい数の観客に注目されながら、リンクの上で滑っているキラキラ輝く少女と、薄暗いマンガ喫茶の一室で、一人ポツンと、まるで虫みたいにモニターの光にくっついて、その画面を見ている私……。

この現実に、衝撃的なショックを受けたのです。

「同じ時代に、同じ国で生きていて、どうしてこんなにも人生が違うの？」

私はスターになりたかったわけではないけれど……。

でも、真央ちゃんのように若いころから自分の人生を情熱的に生きて、それを成し遂げていっている女性と、**現実逃避と、自分の置かれている環境に対する不満ばかりをいつも繰り返している私**……。その差を痛烈に自覚せざるを得ませんでした。

さらにもう一つ、感じたことがあります。それは、この世の中は、真央ちゃんのように自らの目標に向かって一直線に生きる一部の「**実現者**」と、モニターの画面を隔てたこちら側で彼らの活躍を見て一喜一憂したり、応援したり、ブーイングしたりしている大部分の「**フォロワー**（**大衆**）」でできているということ。

私だって、自分の人生を情熱的に生きたい！

マンガ喫茶の個室で、一人私は泣いていました。

小さなズレは大きな違和感になっていく

原点は「金なし、夢なし、彼氏なし」

「自分の人生を変えよう」と、私がいよいよ本格的に決断したのは、2カ月後に30歳の誕生日を迎えるというときでした。

3年ほどお付き合いをして同棲していた彼と、破局したのです。

一緒に住んでいた部屋を出て、また狭い一人暮らしのマンションの部屋を契約しました。買い直したシングルベッドと、引っ越しの段ボールでギュウギュウの部屋で、本当に絶望的な気持ちになりました。

「また、一からやり直しなんだ……」

「30歳までに、絶対に結婚したい！」と執着していた目標まで消えた。

引っ越しの資金で貯金もなくなった。

夢中になれる趣味も仕事もない。

会社では「やる気がない人」。

実現したい夢もない……。

小さいころに想像していた大人とはほど遠い状況で、30歳になろうとしていました。

狭いワンルームで一人ポツンと座りながら、私の心に湧き上がってきたのは、

「こんな人生、もう嫌だ！」

「これは絶対に、何かが間違っている！」


内側から湧きでた強烈な感情でした。

抑圧していた「怒り」がスパークしたとき、それは大きなエネルギーに変換されます。「怒り」の噴火によって、現実に立ち向かう爆発的な機動力が生まれてきたのです。

強烈な感情は未来を動かすエネルギーになる

「自分が変わると世界が変わる」はホント！

そこから私は、無我夢中になりました。それは、
「絶対に人生を変えてやる！」
という、強い強い〝欲望〟からでした。

当時の私が解決したかった問題は、「結婚」と「お金」です。「結婚」は相手ありきなので目標にしにくい。そこで、まず「お金」の課題に取り掛かることに決めました。「お金が足りない」「貯金がない」「将来が漠然と不安」という思いがいつもあった私は、**お金の問題を解決することは、人生に抱えている〝大きな課題〟を解決することになる**と思ったのです。

「会社のお給料以外に、収入源をつくろう！」

そう決意しました。

当時の友人たちはみんな、どこかの会社に所属している社員で、私と同じくお給料以外の収入源はなさそうでした。そこで、インターネットで検索してみることにしました。

当時、「ＯＬ　副業」と検索すると、「夜のバイト」「週末バイト」の紹介サイトが上位を占めていました。キャバクラで働く気はないし、土日の休日に短期バイトをするつもりもありません。次に、

「会社員　副業」

「会社員　稼ぎ方」

と、検索ワードを変えていくと、「投資」「物販」「アフィリエイト」、それから「起業」に関する情報も出てきました。

さらにインターネットの大海原の中を検索し続けていくうちに、とあるブログにたどり着きました。

「会社に所属せず、自分で稼ぐチカラを身につけて、平日の昼からビールを飲める白

由なライフスタイルを実現しよう」というテーマで綴られた、〝元会社員〟で、〝幸せな個人事業主〟になっていた男性の起業ブログです。


「パソコン1台で、世界のどこにいても仕事ができる」

「好きなことを仕事にできる」

「会社員以上の収入がある」

「平日でも旅行に行ける」

「夢を語り合い、成長し合える仲間がたくさんいる」

そんな毎日が綴られていました。

私はブログの過去記事まで何カ月分も遡って読みあさりながら、

「すごい！　私もこんな人生を生きたい！」

と、胸がドキドキしていました。


しかし、どうしてそのような働き方が実現できるのか、その〝方法〟がイマイチよくわかりません。

そのころの私は「企業に所属し」「毎日出社し」「働く対価として月に1回決まった

お給料が振り込まれる」という働き方しか知らなかったため、会社に属さず精神的に自由で、しかも経済的に豊かな生活が、どうして成り立つのかが想像つかなかったのです。

「……怪しい」

人は自分が知らない世界を知ることを怖がります。それは、今の生活や自分自身が大きく変わってしまうことを恐れる、動物としては自然な自己防衛本能が働いてしまうからです。

でも、とにかくそのブログを書いている彼は、自分でお金をつくり、私が知らないことを知っている人。

そこで私は、とりあえずは興味をひかれるいくつかのサイトやブログにアクセスし、生まれて初めて何種類かのメルマガに登録してみました。

するとその日から、私のメールボックスには、登録したメルマガが毎日届くようになりました。

「あなたが口に出す言葉が、あなたの現実をつくっています」

「あなたのまわりにいる10人の平均が、今のあなたをつくっています。人生を変えたければ、付き合う人を変えましょう」

「徳を積んだら、必ず返ってきます。これは宇宙のエネルギーの原理原則です」


それらのメルマガに書かれている言葉たちは、当時の私にとって、衝撃的でした。それまで、自己啓発の本を一度も読んだこともなく、そのような概念をまったく知らなかったのです。

日々、受け取るメルマガから、自分の価値観がどんどん変化していくのを感じました。完全に腑に落ちているわけではないけれど、私は自分の発する言葉に少しずつ注意するようになり、人に優しくしようと心がけるようになっていったのです。


すると、私の現実にもだんだん変化が起きてきました。具体的には、あんなに嫌いだった会社の人たちとのコミュニケーションがスムーズになり、友人からは、

「最近、生き生きしていて楽しそうだね」

と言われることが増えたのです。

「自分が変わると、世界が変わる」というのは、こういうことなんだ！

毎日会社に行く生活や、余裕のない経済状況は変わらなかったけれど、私は〝新しい自分〟に、少しずつ、生まれ変わっていくように感じていました。

人生を変えた人の言葉に接してみる

人生の転機となった台湾ツアー

ある日、いつも読んでいるメルマガの発信者から、案内が届きました。

「台湾に行きませんか？」

自由で豊かな毎日を実現しているそのメルマガの発行人と、同じように幸せな成功者が、台湾でトークセミナーをするとのこと。現地集合・現地解散、一人での参加もできるそうです。

さらに、なんとその日、1月16日は、くしくも私の30歳の誕生日だったのです！週末の土日の休日に1日だけ有給休暇をつけたら、2泊3日で参加できる日程。30歳の誕生日に、一緒に過ごす予定の相手もいませんでした。

「これは、**勇気を持って行くしかない**！　30代をスタートする自分への誕生日プレゼントだ！」

そう決意して、私はその台湾ツアーに飛び入り参加をしました。

彼らのメルマガとブログ、そしてこの台湾ツアーへの参加は、私にとって、まさに長いトンネルを抜けた先にあった、「**未来への扉**」だったのです。

待ち合わせとなっていた台湾の空港に到着すると、そこには予想以上にたくさんの人がいました。たぶん30人以上いたと思います。

私と同じように有休を使って参加した人もいれば、いつでも思ったときに海外に行けるような、自由で豊かな生活を実現している人たちも大勢いました。

「こんなにたくさんいるの!?」

私は驚きを隠せませんでした。


私が1日中、会社にこもって仕事をしている間に、発起人の彼らは好きな場所でパソコンを開いて仕事をし、ブログなどを通じて人を感化して、言葉で誰かの人生を変化させている。そして、会ったことのない人たちをこんなに大勢、台湾にまで動かしてしまうのです。


「こんな毎日を生きられるなんて、すごすぎる！」

「私も自由になって、海外で合流できる仲間たちがほしい！」


心底そう思い、憧れました。

台湾滞在中、私はとにかく主催者の近くで過ごして、**彼らがどういう話をしているのか、どんな考え方をしているのか**を、できる限り吸収しようとしました。**左脳を使って理解しようとするのではなく、彼らの言葉を、まさに〝浴びる〟ようにして自分に染み込ませ、インストールしていったのです。**

２泊３日のツアー中、近くで過ごしてわかったことは、彼らは世間でいわれているような「すごい人」ではなかった、ということです。親も経営者だとか、家が裕福で特別な教育を受けてきたとか、高学歴だとか、人脈があるとか、人目をひくような外見だとかというわけでもありません。

ごく普通の生活をしてきた普通の人が、自身の強みを活かして時代に合った起業をし、自分の人生を思いっきり生きていたのです。

「普通の彼らにできたのなら、私にだってできるかもしれない……！」

モヤモヤして不安ばかりだった「自分の未来」に対して、強烈な希望と、ワクワクするような情熱が湧いてきました。

「私も人の船に便乗し続けるのではなく、〝自分の人生〟という船で自ら舵を切りたい！」
「絶対に、あちら側の生き方を実現する！」

この台湾での3日間の出来事は、今思い出しても時間感覚がわからなくなるくらい濃厚で、「私の人生が変わる」大きな転機となりました。

人生の「転機」は自分で決めることができるのです。これが「自分の人生をデザインする」ということ。30歳の誕生日を迎えたその台湾での3日間は、私にとって、自分の人生を「理想の未来」に向かって出発させるための第一歩だったのです。

憧れの人の言葉をインストールしよう

人生の「転機」は
自分でつくれる。

第**2**章

“現在地”から未来が始まる！

自信がない時ほどインプット中毒になる

「働き方を変える！　人生を変える！」

そう決意したあとも、実際に何を仕事にしていきたいのかは、決まっていませんでした。

でも、手探りの中でも、毎日自己啓発本を読んだり、興味がある講演会やセミナーに参加したり、起業のヒントを得られそうな朝会に出席したり、自分で仕事をつくっている経営者たちに会える場所に出向いたりと、それまで知らなかった世界の情報収集をするために、日々大量にインプットをしていきました。

ただ、そうしたところで、現実は突然には変わりません。会社勤めという現状や経済状況はそれまでと同じまま。平日は毎朝、会社員でギュウギュウ詰めの満員電車に乗って出社し、仕事をして、定時になったら退社するという生活は続きました。生活は変わらないけれど、頭の中にだけは、出会いやブログやメルマガを通して「新しい世界」の人たちの考え方や彼らの毎日の様子がどんどん入ってくる……。

私は「現実」と「新しい世界」という2つの世界を行き来しながら、両方の言葉を聞くことで、頭の中が次第に混乱していきました。

これは現代を生きる多くの人に共通することですが、私たちはインターネットやSNS、テレビなどのさまざまな情報に溺れがちです。人はとくに自分に自信がないときほど、あれもこれもと情報をインプットし続けます。そして集めた情報で頭でっかちになり、混乱し、行動の一歩を踏み出せなくなっていくのです。

私が実際に経験してきて思うのは、「こうなりたい！」という憧れの要素が決まったり、実現したい未来がざっくりと定まったら、大事なのは、次の3つのステップを実行することです。

①自分の所在地（現在地）を明らかにする

②情報は取捨選択（どれを自分に取り入れるかを決める）

③現在地と実現したい未来とのギャップを具体的な行動で埋めていく

今までの延長線上ではない未来を手にするためには、インプットを続けるだけでなく、集めた情報やワクワクする気持ちを「行動のエネルギーに変換」し、現実を動かしていくことが必要なのです。

希望する未来像から今の自分を眺めてみる

イメージのサンプルを集めよう

「何も制限がないとしたら、あなたはどんな未来を生きたいですか？」

これは、当時私が読んでいた自己啓発本や参加したセミナーで、何度も投げかけられた質問です。でもこれって、回答するのがすごく難しい質問だと思いませんか？

私たちは生まれてからずっと、家族、地域、学校、会社、お金……など、さまざまな制限を受けながら生きています。だから、

「制限がないとしたら……？」

と聞かれても、想像力はなかなか発揮できません。

「なんでも叶うとしたら、何をしたい？　何がほしい？」
「どんな人生を生きたいの？」
「どんな人になりたいの？」

と、テーマの大きな質問をされればされるほど、当時の私は具体的な回答が思い浮かばず、頭が真っ白になり、〝思考停止状態〟になりました。

たとえば、

「どんな服を買いたいですか？」

「どの国に旅行をしたいですか？」

といった質問には、自分の〝知っていること〟の中から答えることができますよね。

私たちは、〝知っていること〟の中からしか、〝憧れる〟ことはできないし、〝目指す〟こともできません。


当時、「**最高の人生を生きている人のサンプル**」があまりに少なかった私は、いつも「何も制限がないとしたら？」という質問に対して、〝思考停止状態〟になってしまっていたのです。

「自分にとって最高の人生」を具体的にイメージするためには、まず、たくさんの「最高の人生を生きている人のサンプル」を集めましょう。

理想の未来のサンプルを集めよう

日常への不満は「未来へのリクエスト」

テーマが大きくなり、時間軸が遠い未来になるとイメージが膨らまなくなる――。

そこで私は、発想を変えて、未来のサンプル集めと同時に、目の前の現実の、日頃怒りを感じていること、我慢していること、不満に思っていることを、具体的に書き出すことにしました。

＊私は今、何を我慢しているのか？
＊本当は何をしたくないのか？
＊誰と会いたくないのか？

ということを、ひたすらノートに書いていったのです。

朝起きてから１日の自分にフォーカスするだけで、「不満」は山ほど出てきました。

*満員電車に乗りたくない
*目覚ましで起きたくない
*毎日7時間眠りたい
*狭くて使いにくいバスルームがストレスだ
*毎朝バタバタと慌てて身支度をしたくない
*手抜きメイクが当たり前になっている
*コンビニの缶コーヒーじゃなくてスタバのコーヒーが飲みたい
*会社用の服はつまらない
*安い服しか買えないのが悲しい
*可愛いワンピースがほしい、など

「最高の未来」を想像するよりも、当時抱えていた現実的な不満やストレス、変えたいと思っている小さなことのほうが、ずっと書き出しやすかったのです。

これはセミナーや講座で、受講生のみなさんにもオススメしているのですが、「自分が持っている小さな不満たち」を言語化して、体の中からどんどん解放させてあげるように、ノートに書き出していきましょう。そうすることで、**書き出したことの対極にある「自分の望み」が明確になってくるのです**。

書き出したノートを眺め、
「じゃあ、私はどうしたいのか？」
と〝反転〟すると、自分の中にある「小さな望み」に気づくことができます。

前のページに挙げた私の「不満」からは、

＊満員電車に乗らない生活をしたい
＊毎日7時間睡眠をとって、自然に目覚めたい
＊広くて使いやすいバスルームのある部屋に引っ越したい
＊毎日ゆっくりと身支度をして、着たい服を選んで、メイクもちゃんとしたい

という「小さな望み」が見えてきました。

これは、「制限がないとしたら、実現したい最高の未来」という問いでは出せなかった、具体的で小さな「私の望み」です。

「ああ、私には、理想がないわけじゃなかったのね！」

「こうなりたいっていう希望が、ちゃんとあったじゃない！」

私は、このようなワークを通して、また一つ自分を理解できた気がしました。それは、理想の未来に向かい、一歩前進できたという実感です。

あなたもぜひ、「今の怒りや我慢や不安」をノートに書き出してみてください。そのことで、**自分の「現在地」と「行き先」を同時に発見するヒントが得られます。**

私は今でも、当時ノートに書いた「不満リスト」をときどき見返すのですが、あのころの「小さな不満たち」は、今の生活ではすべてなくなっています。そして起業してから3年たった現在も、このノートを**自分の「過去と現在」を統合するワーク**として、定期的にアップデートし続けています。
日常への不満は、あなたの「未来へのリクエスト」。
心から湧き上がる小さなリクエストたちに、しっかり耳を傾けましょう。

不満リストをつくると小さな夢がみつかる

Work

▼**「日常への不満」を、次の質問に従って思いつくままノートに書き出してください。**
①あなたが今、我慢していることはなんですか？
②あなたは何をしたくないと思っていますか？
③どんな人たちと会いたくないですか？

▼**それらの不満を〝反転〟させて、あなたが実現したい「具体的な未来」を見つけて、書き出してみましょう。**

定期券を捨てて通勤ルートを変えてみたら…

「満員電車に乗りたくない」

ノートの1行目にそう書いた私は、翌日から毎日、通勤手段を変えてみることにしました。大事なのは、**小さなことでもすぐに行動に〝変換〟すること**です。

会社からは1カ月分の電車の定期代しか支払われないので、余分な出費にはなるけれど、

「今日は近くの停留所まで歩いて、バスで会社に行ってみよう」
「今日は一つ前の駅で電車を降りて、そこから歩いて帰宅しよう」
「今日は少しだけ贅沢をして、タクシーに乗ってみよう」

と、毎日方法を変えて通勤してみました。すると、たったそれだけのことなのに、

「自分の意思で選択している！」

という「自由」を感じることができたのです！　毎朝、同じ時刻に同じ駅から発車する電車に乗り込んで、ギュウギュウ詰めの中で会社に向かっていたときには気づけなかった景色にも、目が行くようになりました。

「この道は、緑がきれいだな」
「こんなおしゃれなカフェがあるんだ！」
「今日は帰りに、一人でお酒を飲んでみよう」

通勤方法を変えただけで、いつもの平日も、ちょっとしたワクワク気分で、楽しくなったのです。

日常は、いきなり激変したりしません。

でも、**小さな変化は、日常の中の〝選択〟を変えることで、すぐに起こすことができるのです**。

「未来へのリクエスト」を明らかにし、それを自分に実現させてあげるための具体的な行動を選択したら、今すぐにでも、あなたの世界は変化します。

さあ、**今日はどんなリクエストを叶えますか**？

日々のルーティーンを少し変えてみる

「なんのために働くか」を教えてくれた人

私たちは、なんのために仕事をしているのでしょうか？

そのことを考えるとき、私は、ある女性のことを思い出します。

彼女は、私が以前勤務していた会社の部署に派遣社員として配属され、あっという間にどの社員からも頼られる存在になった人でした。

派遣社員として指示された業務をこなすだけでなく、手が空いた時間は、自分で何かやることを積極的に見つけては、いつもテキパキと動き続けていました。

たとえば、部署の共有の棚に詰め込んであった書類をすべてきれいにファイリングし直し、背表紙をつけて見やすく整理したり、文房具などの備品を用途別にきちんと色分けしてボックスに入れたり、ストックを常に揃えたり……と、いつも自分から「役割」を見つけていました。


まさに彼女は、**自分で「仕事」をつくっていた**のです。


「好きで、片づけや整理収納の資格を取った」

という彼女は、作業をしている姿自体が、とても楽しそうでした。そして、彼女が配属されてから、部署の中はどんどんきれいに、使いやすくなっていったのです！

「仕事をいかに引き受けないで、楽に過ごすか」

そう考えていた当時の私にとって、彼女の仕事ぶりは衝撃的でした。そして、彼女をよく観察するようになりました。

彼女は会社という組織の中にいても、まるで個人事業主のように仕事をしていました。派遣として依頼された業務以外も、誰に指示されるでもなく、頼まれるのでもなく、また、誰かに媚びるのでもなく、

「自分で決めて、やっています」

と、凛としたスタンスで物事に取り組む。その仕事ぶりは、決して自己犠牲的なものではなく、自分のしていること自体に純粋に喜びを感じているようでした。

自ら進んでテキパキと貢献的な仕事をして、それを周りの人たちが感動して喜び、口々に感謝を伝えていく中、さらに彼女は楽しく次の仕事を見つけていく——。

人は、言っていることではなく、やっていることによって、信頼を積み重ねます。

彼女の積んでいる徳は、毎日コツコツと積み重なり、それが「まわりの人たちの彼女に対する信頼」につながっていったのです。

「自分が得意なことで、誰かのためにできることはある。小さくてもそれを積み重ねていくと、大きな感謝や喜びの連鎖が生まれていく」

それを同じ部署の中で目撃し続け、いつの間にか私も影響を受けていました。

「やっていること自体を楽しんでいる」

そういう人たちは明るいエネルギーを発していて、さらにそのエネルギーは周囲に影響していくことも知りました。

実際に、彼女がテキパキと楽しそうに働いている姿は、周りの社員にも伝染し、部署の雰囲気はだんだんと明るくなり、活気づいていったのです。

「仕事を楽しみ、誇りを持って働くということは、自分だけでなく、周りの人たちも、社会も、明るく照らすことにつながるんだ！」

彼女の働き方から学んだことは、今でも私の頭の中にしっかりと残っています。

第3章からは、雇われマインドを捨てて生活の習慣を変えた方法や、複業の始め方など、具体的なお話をしていきます。さあ、一緒に現実を動かしていきましょう！

明るいエネルギーは周囲にも広がる

未来へのリクエストを
小さな行動に変換する。

第3章

時間を変えれば、あなたが変わる！

大切な命のかけらを〝時間泥棒〟から守れ！

「自分の時間の価値」を考えたことがありますか？

今月入っている予定は、あなたが「本当にしたい」と思っていることですか？

現代を生きる私たちは、とにかく忙しい毎日を送っています。私が「好きな仕事で生きられるようになりたい！」と挑戦を始めたとき、**一番先に「足りない！」と痛感したのは「時間」でした。**


当時は、月曜から金曜の朝9時から夕方6時まで会社に勤めていたので、残業や夜の付き合いがなかったとしても、9時間以上は会社の中で過ごしていたことになります。平日の夜の予定、土日の予定まで入っていたら、**〝自分の未来のために投資する時間〟**はまるっきりありませんでした。

人生を変えるためには、時間の使い方の〝優先順位〟を変えなければなりません。「今日1日をどう過ごすかの積み重ねが、人生になる」からです。

そのために、私が時間に関して早速取り掛かったのは、次の3つです。

①無意識に浪費している時間を意識化して、「時間泥棒」たちから守る
②自分の時間の価値を一番にする
③予定を精査し、時間は自分でコントロールする

1日24時間は、どんな人にも平等に与えられています。

時間はお金のように、「今日は使わないから、貯金しておく」ことはできません。翌日に持ち越すこともできません。私たち全員に、毎日同じ時間が過ぎているのです。

幸せに成功している一流の方々を見ると、彼らは自分の時間を非常に高く重要な位置に置き、しっかりと守っています。

ここでいう**「時間を守る」とは、無意識に浪費している時間を「意識化」して、日頃ついついやってしまっていること＝「時間泥棒」たちから守る、ということ**です。

まずは、いつも「ついついやってしまっていること＝習慣」を、意識下に引っ張り出してくる必要があります。自分の１日の行動を客観的に眺めてみましょう。

＊電車の中や、ちょっとした待ち時間に、スマホのゲームをしていませんか？
＊家のソファでゴロゴロしながら、人のＳＮＳを眺め続けていませんか？
＊帰宅したら、〝とりあえず〟テレビをつけていませんか？

今までの延長線上ではない未来にシフトしようとしている私たちにとって、時間は何よりも貴重な資源。こうした日常のことから意識をしていかないと、時間は砂時計のようにサラサラと流れていってしまいます。

無意識の習慣を意識してみる

日頃、あなたの大切な命のかけらである時間を奪っているものはなんですか？

テレビを捨てて人生に集中したら…

「自分の時間を、どう使っているか？」それを書き出してみると、私の場合、テレビをつけている時間が意外と多いことに気づいて、驚きました。

私はもともと、ＤＶＤで映画なども見ないし、テレビ番組もほとんどつけていないと思い込んでいました。でも当時は、一人暮らしに戻ったばかりだったので、

＊朝の身支度をするときに、テレビのニュース番組をつけっぱなしにしている
＊部屋で一人でご飯を食べるときに、バラエティ番組を見ている

という習慣があることに気づいたのです。

テレビの情報というのはバイアスがかかっているので、意識しないと「自分で考える力」がどんどんなくなっていきます。また、**当時私が憧れていた幸せな成功者**の先

輩たちは、誰もテレビを見ていませんでした。

そこで私も、その習慣を真似することにしました。憧れる人を見つけたら、彼らの習慣を取り入れるのは、〝自分を変える〟手っ取り早い方法です。

「もうテレビを見ない私になろう！」

と決め、テレビそのものを思いきって処分することにしました。

それからの数日間は、無音すぎる部屋が寂しくて仕方ありませんでした。部屋で人でご飯を食べているときはとくにです！

でも、1週間もすると慣れてきて、それまで自分がどれだけいらない情報を受け取り続けていたのかに気づくことができました。テレビを見る代わりに、英語のインターネットラジオを流したり、オーディオブックを聞いたりするようにしました。

テレビを見ない生活は4年近くになるので、それが当たり前になっていて、今では実家に帰省してテレビがついていると、すぐに消してしまうほどです。

未来を動かしたいと思ったときに大切なのは、とにかく「自分の時間と行き先に集

中すること」なので、テレビやスマホゲームはいりません。その間に本を１ページでも多く読んだほうが、確実にあなたの〝養分〟になります。

浪費時間を自分への投資時間に変える

無駄なお付き合いは〝キャラ設定〟で撃退

行きたくない会社の飲み会を断るときは、**〝キャラ〟を徹底する**のが一番です。

所属していた部署も飲み会のお誘いが多かったので、私はそれを断るために、毎日、仕事のあとに予定がある「会社以外のプライベートが超充実しているキャラ」を演じていました。

「すみません！　今日は予定があるんです！（笑顔）」

と言って、**徹底して毎回絶対に行かないこと**。

続けていると「毎日仕事のあとに予定がある人」と認知されていくので、だんだんお誘い自体もなくなります（笑）。


私のクライアントの中には、会社勤めをしながら週末起業をしている間ずっと、職場では徹底して「病弱キャラ」をつくっていた方もいました。


彼女も飲み会に誘われることが多い部署にいたそうですが、

「夜出歩くと、体調が悪くなるんです。翌日の仕事に支障をきたしたくないので」

と言って、病弱キャラを通し、会社の仕事はキッカリ定時に上がり、〝サイドビジネスをする時間〟を確保していたそうです。現在彼女は、フリーランスで起業家の秘書をして大活躍しています。

「私は営業職だから、付き合いは断れない」

などと、できない理由を挙げているうちは、人生が劇的に変わることはありません。

飲み会に行かないと評価されない職場なのだとしたら、そこはどちらにせよ、あなたが「長くいるべき場所」ではないのではないでしょうか。

「本当に今の環境に10年後、20年後も居たいか？」と自問して、答えがＮＯならば、**「何に時間を使うか」、その優先順位を変える必要があります。今日１日をどう過ごすかの積み重ねが、人生になるからです！**

「できない理由」は人生を劇的に変えない

Work

▼今日１日の、１週間の、１カ月の過ごし方を客観的に見つめ直してみましょう。それらの予定は〈あなたの時間〉＝〈命〉を使ってしたいことですか？

自分を「一番のお客様」と思って時間を使う

自分の時間をどう過ごすかは、人生をどう過ごすかにそのまま直結します。

今、この時間とどう向き合うかは、まさに自分の人生とどう向き合うかということなのです。

自分自身を「一番のお客様」だと思って、自分との時間を最優先しましょう。自分と対話する時間を確保し、その時間はスマホの音やＳＮＳの通知も切りましょう。

ぜひ時間の価値を意識して、自分の時間を最優先してみてください。

▼

世界で最も大切な自分にこそ時間を使う

未来から逆算して今日のスケジュールを決める

時間は貴重な資源だと認識したあとは、**何をするのにも、「自分がどのくらい時間をかけるのか」を把握することをオススメします。**

＊朝起きてから身支度をするのに、何分かかっているか
＊家を出てから会社のデスクに着くまでの移動時間は、どのくらいか
＊女友だちとのランチには、どのくらい時間をかけているか
＊本を１冊読むのに、何時間かけたか
＊重めの報告メールを１通つくるのに、何分くらいかかったか……

と、**自分の行動とそれにかかる時間を大まかに把握しておくと**、時間に対するマネジメント能力が格段に上がります。

世界中の人に平等に与えられている、この**1日24時間という時間を**、**「自分でコントロールする」という感覚は、とても大切**です。その感覚を育てることで、まさに「自分の人生」のオーナーになっているという感覚が得られます。また、

「私は、どういう目的でその時間を使いたいのか？」

ということも、改めて意識することができます。

私は会社員を辞めて、「幸せで自由な個人事業主になる」ことを目指したときから、次ページのフローのように、「未来をどう生きたいのか？」という大きな目的に向けた流れに身を置きながら、限られた時間を最大限に活かすために、

「今、何をすべきか？」

を選択するようにしていきました。

自分の人生をどう生きたいのか（例：どこにいても自分でワクワクする仕事をつくり出し、経済的にも豊かで、ストレスのない人間関係の中で人生を送りたい）
←
1年先にどうなっていたいのか（例：会社員を卒業し、自分の仕事で月40万円の売上を安定して立てている）
←
今月何をするか（例：お金を自分で生み出すトレーニングをする。会社以外で10万円の収入をつくる）
←
1日24時間で何をするか（例：今日中に、3点の服を計1万5000円の価格に設定して、「メルカリ」にアップする）
←
どういう目的で1時間を使うのか（例：明るいうちに、1時間で服の写真をきれいに撮影し、商品説明文をつくる）

もしあなたが、「1年後、自宅の一室で小さなエステサロンを開いている！」と決めたら、そのために今月できること、今日できることは具体的に出てくるでしょう。

また、たとえば「1年後、大好きな今の彼と結婚式を挙げている！」と決めたら、そのために今月できること、今日できることもいろいろと出てくるはずです。

しかもそれは、あなたの人生を、あなたが進みたい未来に向けて背中を押すためのＴｏＤｏ（やるべきこと）なのですから、心もワクワクしませんか？

「自分で、自分の人生を進めている！」という小さな達成感は、一つひとつ積み重なることで、大きな自己肯定感にもつながります。

毎時間、常に「何を優先するべきか？」と考えながら行動していくことで、人生はすごいスピードで変化していきます。

まさに**「時間の密度が濃くなる」**のです。

これまで平日の夜に、テレビのドラマをボーッと見るだけで過ごしていた1時間や、退席できないまま居続けた飲み会での1時間と、時間の長さは同じでも、その深さ、密度はまったく別もの。時間の価値に関していえば、高く見積もれば見積もるほど、「これまでの時間概念」とは大きく異なるものになるはずです。

さあ、あなたは、これからの1時間をどう過ごしますか？

時間に使われず、時間を好きに使いこなす

手帳に向かう朝の15分が人生を動かす

朝起きて、脳が再起動したばかりのフレッシュな時間は、お宝タイムです。このときの脳の様子をパソコンにたとえると、再起動したばかりのシャキシャキ動く状態。この時間を有効に活用したいですよね！

平日の朝の時間は、バタバタとあっという間に過ぎてしまう……という方は、30分だけ早起きして、その時間を活用することをオススメします。

ただし、起き抜けに「スマホをさわること」は絶対にやらないように注意しましょ

う。とくにSNSをスクロールする行為は、要注意。せっかくの朝のクリーンな脳に、情報をどんどん入れてしまっては、もったいないですから。

私の朝は、起きたらそのままシャワーを浴びて、頭も体もしっかりと目覚めさせることから始まります。そして、シャワーを浴びながら、**その日に予定している〝一番楽しいこと〟をイメージします**。

「○○さんと会って、素敵なお店でランチが食べられる！」
「夜は久しぶりに、映画館で映画を観る！」
「大好きなアーティストのライブ映像を観る！」
と、なんでもいいのです。

たとえ1日の大半がワクワクしない時間だったとしても、誰にも侵されない「あなただけの時間」は、どこかに必ずあるはず。

＊幸せな気持ちになる

＊感謝を感じる
＊ジワ～ッとあったかい気持ちになる
そんな時間を、自分のためにつくってあげてください。

大事なのは、**時間の長さではなく、その幸福な時間を〝深く味わう〟こと**。そうすれば、小さな喜びもジワジワと大きく拡大していきます。
ほんの10分でもいいから、
「ああ、自分の時間！　幸せな時間だなあ」
と思える時間をつくってくださいね。

そして、シャワーでスッキリ目覚めたあとの15分は、デスクに座ってお気に入りの手帳を開き、「**今日1日をレイアウトする時間**」です。
まずは**今日1日のタスクを具体的にすべて、手帳に書き出します**。

起業した後の私の場合は、
＊クライアントとのセッション

＊仕事の打ち合わせ
＊資料をつくる時間
＊トレーニングに行く時間
＊移動時間

などのほかに、起業当初は、
＊Ｆａｃｅｂｏｏｋに投稿する時間
＊ブログを書く時間

なども細かく決めていました。

タスクを全部書き出したら、次のことを考えます。

＊それをやる目的は、何か
＊今日一番得たい結果は、何か
＊その結果を得るためには、何から始めるといいか

そして、その書き出したタスクから、**今日「やらなくていいこと」は消してしまい、「やること」だけを残して、その「優先順位」を決めます。**

私たちが**限られた時間を過ごす中で大事なことは**、**まずは**「**何をやめるべきか**」**を決めること**です。「今日やらなくてもいいこと」を決め、手帳から消せば、「やることがいっぱいで、パニック！」という状態には、ならないはず。

そして、やることとその優先順位を**書き出して可視化**することで、密度の濃い１日を、スムーズにサクサク過ごせるようになります。

また、「手帳に何を残すか」「その中でどのように優先順位をつけていくか」を決めることは、「**自分の人生に対する指揮権を持つ**」**ための練習にもなります**。

私の場合、この「**手帳に1日のやることを書き**、**レイアウトする習慣**」**を身につけたことで**、**時間感覚がかなり磨かれました**。たとえ5分や10分の短い間でも、メールの返信や銀行の振り込み、ブログにアップする文章の下書きなど、できることがたくさんあるので、その時間をフル活用できます。

ちょっとした時間にも、なんとなく他人のＳＮＳを眺めたり、スマホでゲームをしたりするのでは、もったいない！

時間は「命のかけら」です。5分、10分のほんのちょっとの時間の使い方にも、あなたが自分の人生にどのくらい敬意を払っているのかがあらわれます。

1日だけでなく、人生との向き合い方にも大事な役割を果たす手帳。その手帳に魔法をかける秘訣として、あなたにもぜひやってもらいたいのは、**「手帳を24時間持ち歩くこと」**。家に置かずに常に持ち歩き、仕事中も、デスクの上に手帳を開いて置いておいてください。

私の場合は、愛用しているフランクリン・プランナー（名著『7つの習慣』をバックボーンにつくられた手帳です）を、仕事のときも、友人との食事のときも、旅行に出たときも、常に持ち歩いています。

起業後、私がたくさんの経営者とお会いして思うことは、人生をどんどん展開している人は、圧倒的に「決断が早く」「時間の使い方がうまい」ということです。

大事な人生の、今日という日を有効に過ごすために、1日の始まりである朝の時間に「手帳を開いて、今日1日をレイアウトすること」をぜひ取り入れてみてください。

習慣化することで、時間に対する感覚がまったく違うものになることに、あなたもきっと驚くはずです。

手帳で人生をデザインする

スキマ時間を活かせば１日が３時間延びる

人生を変えるために真剣になったころの私は、会社で仕事をしている時間以外は、常に起業の準備に向けた行動をしていました。当時はとにかく１日24時間では足りないほど、やることがたくさんあったので、睡眠時間も平均して４時間半ほどしかとれませんでした。

前項でも述べましたが、現在同様、当時から朝の時間は有効に使っていました。通勤前の支度をする時間は「**ながら勉強**」**の時間**です。

セミナー音声や、オーディオブックを購入し、それを1・5倍速で再生して、毎朝30分、出勤の準備をしながら聴いていたのです。とくに朝は脳がポジティブなことに反応しやすいので、とても効果のある「学びの時間」です。

この方法は、慣れるまでに少し抵抗があるかもしれませんが、**習慣になるととても効果が上がるので、時間の足りない忙しいみなさんには、とくにオススメします**。

「**スキマ時間**」**の活用も有効です**。

電車の待ち時間にも、スマホのアプリＫｉｎｄｌｅで数ページでも本を読み進めたり、気づいたことをメモしたり、イヤホンで音声教材を聴いたりすることはできます。

ちょっとした時間でも、自分のやりたいこと、しなければいけないことを〝意識化〟して、少しでも片づけていくことを習慣にするだけで、1日の時間は感覚値で3時間くらい延びます。

たとえばあなたが英会話の勉強をしていて、今まで毎日1時間デスクに向かって集中して勉強をしていたとします。週7時間のインプットですよね。

そのデスクでインプットする時間と合わせて、

＊朝の出勤前の身支度をしている間に、英語音声教材で良質なインプットを30分
＊会社への通勤時間に、新しい単語を覚えるのに30分
＊ランチの時間は同僚と過ごさず、ご飯を食べながらの勉強に30分
＊会社からの帰宅時間に朝覚えた単語の振り返り暗記に30分

を確保すれば、もうこれだけで、1日1時間だった勉強の時間が3時間に延び、週でいえば、7時間が21時間になるのです！

さらに、映画やYouTubeの動画も、すべて英語で字幕なしに設定する、食事に行く友人の中に、英語を話す外国人も混ぜる、スマホの設定自体を英語にするなど、日常の中で、それにふれられる機会を増やすだけで、私たちの「未来に対する準備時

間」は、どんどん延ばしていくことができます。
こうした時間の使い方は、あなたの意識次第で、いくらでも変えていけるのです！

「ながら」と「スキマ」の時間を活用する

「時間区切り」で集中力を高めよう！

休日のデスクワークで、時間がたっぷりある日こそ大事なのが「**集中力の保ち方**」です。

「時間はいっぱいあったはずなのに、思ったより仕事がはかどらなかった！」という経験は、きっと多くの人にあるはず。

時間は短く区切るほど、集中力をキープできます。ここでは、私が取り入れている「時間区切り」の基本パターンをシェアしますね。

60分デスクワーク
←15分休憩（体を動かす作業をする）
←60分デスクワーク
←15分休憩（体を動かす作業をする）
←60分デスクワーク

大事なことは、休憩時間にネットサーフィンをしたり、動画を見たりせずに、「**体を動かす作業をする**」ことです。たとえば家でデスクワークをしているときは、15分の休憩時間に洗濯物をたたんだり、キッチンのシンクまわりを掃除したりして、体を適度に動かすことをオススメします。

イスに座って同じ姿勢のまま、一つの作業に集中できる時間は、大人でも長くて30分くらいといわれているそうです。

まずは30分のデスクワークから始めて、慣れてきたら45分と延ばしてみて、〝あなたの集中が一番続きやすいリズム〟を取り入れてみてください。

集中力を高めると時間が延びる

今日の1分、1時間が
積み重なって人生になる。

第**4**章

小さな成功のクセをつけよう！

自分でお金をつくった経験、ありますか？

「会社に属さず、好きな仕事で生きていく」ことを目指すとき、**多くの人にとっての不安要素は、「お金」ではないでしょうか**。

会社で働いていれば、毎月決まったお給料が必ず振り込まれますが、自分で仕事をしていくとき、果たして今のお給料くらいの収入はつくれるようになるのでしょうか？　また、その収入をつくり続けられるのでしょうか？

これは私のセミナーでよく質問することなのですが、

「会社以外で、自分で月5000円以上のお金をつくり出した経験がある人！」

と聞くと、半数以上の人の手が挙がりません。

起業系のセミナーに参加している人でさえ、「一度も自分でお金をつくり出したことがない」という未経験の人が半数以上です。

まずは1000円からでいいのです。「自分でお金をつくる経験をしてみて！」と、私は受講生たちに伝えています。

スタートは少額でも稼いでみること

好きなことがお金になった「旅会」の企画

私が初めてお金をつくり出したのは、「旅会」という食事会の企画でした。

自分でお金をつくるということにせっかく挑戦するのなら、自分が好きなことをやりたいと考えた私は、大好きな「旅」と、私の強みである「友人の多さ」（あとでこれ

が〝集客力〟になると知りました）を掛け合わせて、

「旅好きな仲間たちと出会える！　人気タイレストランで、タイ料理を食べよう！」

という食事会を主催したのです。

参加者は、旅が好きな友人や、タイフェスティバルで出会った友人、行きつけの東京・下北沢のバーで会った人たちに声をかけて集めました。〝お誘いのメッセージ〟は、参加の有無を決定する大事な要素になると思ったので、コピー＆ペーストではなく、想いを込めて一人ひとりに合わせた文章をつくりました。

集客したのは、そのときの目標の10名、参加費は４０００円に設定。会場は、本格的なタイ料理を出す行きつけのお店にして、店長さんにお願いし、お料理に飲み放題つきで一人３０００円のコースを特別につくってもらいました。**つまり、一人につき1000円、10名満席で1万円の利益が出る計算です。**

当日は、開始時刻の１時間前からドキドキしながら準備。お店に続々と集まってくれた参加者のみなさんに、「来てくれて、ありがとうー！」と、心から感謝でいっぱいでした！

会がスタートしてからは、最初から最後まで、席をあっちこっち移動して、人と人をつないで紹介し合ったり、食事を取り分けたり……と、大忙し！　初めて「主催者」として企画した「旅会」は、トラブルもなく、大いに盛り上がりました。

会が終わったあと、参加した人たちから、「楽しかった！」「また企画して！」と、声をかけられると本当に嬉しかったし、参加者同士が連絡先を交換し合ってご縁が広がる様子を見るのも、ニヤニヤしてしまうくらい幸せだったのです。

私は、人をつなげることや、友人の魅力を言語化して紹介することが、得意なんだ！　このとき初めて、それを知ることができました。**ここで新たに発見できた自分の「強み」は、その後、ビジネスをするようになってからも活きています。**

小さな企画でも大きな収穫！

「生み出す側」に立つと、景色が変わる

「旅会」を開催してみて、わかったこともたくさんありました。

自分なりに前日までに〝かなり準備した〟つもりでしたが、それでもいざ当日になると、

「あれも必要だったんだ！」

「こういうことも、起こるのね！」

という**発見の連続**だったのです。

その発見の中でも、とくに痛切に感じたのは――

①平日の夜に企画したので、仕事で遅れる人、ドタキャンになりそうだった人もいて、ヒヤヒヤした！

参加者にとっては悪気のないことなのですが、主催者からすると、ドタキャンはか

なりの痛手になると知りました。人数分の食事を用意している場合は、とくにそうですよね。

②「お店に行くまでの道に迷ってしまった」「駅に着いたけど、どう行けばいいの？」という連絡が、当日、携帯にかかってきた！

事前にお店の住所をお伝えするだけでなく、地図の画像も一緒に送ったほうがよかった。前日に再度リマインドのメールを全員にしたらよかった、という発見もありました。

このような気づきは、こうした会を主催するたびに**毎回詳細にメモを残して、次回に活かす**ようにしました。

食事会でも、セミナーでも、イベントでも、「準備」をどれだけ徹底できるかが、当日の明暗を分けるのです。

この夜、私は「旅会」の主催で、初めて1万円のお金をつくることができました。時給１０００円のバイトで、10時間働かなければもらえない金額です。

どこかの会社やバイト先に雇われて、「労働の対価」として得たお金ではなく、**「自分が楽しいことを考えて実行したら、生み出せた初めての1万円！」**なのです。

これはもう、感動の体験でした。その日の夜の興奮は、今でもまだ覚えているくらい、大きなものでした。

この「旅会」をきっかけに、私は「女子会」「朝会」「アフタヌーンティー会」「セミナーの学びをシェアする会」などの主催を重ねながら、**「企画する」ことと「集客する」ことの実践を重ねていきました。**

ピーク時には、友人と企画した「ハロウィンナイト」で、参加者が２００名を超えるイベントを成功させることもできたのです！

これもすべて、「初めて企画した10名の旅会」のスタートがあったからこそ。

あなたが自分で仕事をつくる人生に進むとき、**参加者側ではなく、主催者側の経験**をすることは、さまざまなかたちで確実に役立ちます。

最初は身近な友人との小さなお食事会を開くのでもいいのです。

＊招待される側ではなくて、招待する側になる
＊お金を払う側ではなくて、お金を生み出す側になる

参加者を募り、お店を選んで、食事のメニューや会費を決めて、参加した人が「来てよかった！」と喜んでくれるような企画を考える。それだけでも、「自分でお金をつくる第一歩」は始まります。

小さくても、お金をつくり出す経験をしてみましょう！

楽しめることで〝主催者〟になる

まずは身のまわりのものを売ってみよう！

私が「お金をつくる経験」として取り掛かったことには、「物販」もありました。**「物販」は商売の基本**です。しかも今は「メルカリ」をはじめ、簡単に出品できるスマホアプリがあるので、取っ掛かりとしても参入障壁が低く、誰でも今日からスタートすることができます。

「日経ＭＪ」（日本経済新聞社・２０１７年5月31日付）の記事によれば、全国の高校生１０００人を対象にアンケート調査をしたところ、55・４％が「スマホアプリなどでお金やポイントを稼いだことがある」と答えたそうです。

なんと**今の高校生は半数以上が自分でお金などをつくり出す経験をしているのですね！**　記事では、そのうち利用しているサービスは、１位がポイント獲得サイト、２位がフリマアプリなどによる中古品売買となっていました。

当時30歳だった私は、「ヤフオク！」で商品を購入したことはあっても、出品の経験は一度もありませんでした。そこでまずは、クローゼットの中のものを全部出して、着なくなった服、バッグなどの不用品をフリマアプリ「メルカリ」と「フリル」を使って出品してみたのです。

ブランド物でもない、会社員の私物です。

「こんな服が、売れるのかな？」

と、半信半疑だったのですが、なんと掲載したその日のうちに、「買いたい」というメッセージが届いたのです！

そのおかげで、購入希望者とのメッセージのやり取り、入金の確認、梱包、発送手配など、一連の流れを経験することができました。

笑い話のような話なのですが、最初の商品を〝送料無料〟で出品したところ、なんと落札者は沖縄の離島に住んでいる方だったのです。ゆうパックで発送して、その送料の高さに驚きました（笑）。

結局、最初に出品した商品の利益は数百円でしたが、**出品から発送まで経験できた**

からこそ、得られた経験の価値は計りしれません！

フリマアプリは、身のまわりのものすべてを「換金可能な資産」に変えるツール。週末の公園などで開催されるフリーマーケットに出店したり、「ブックオフ」などの中古品買い取りサービスに持ち込んだりする必要もなく、誰でもスマホで簡単に「物販」を始められる時代です！

一度でも商品が売れれば、2回目の出品のハードルはほとんどなくなります。経験がない方は、まずは一つでも売ってみてください。一歩踏み出せば、次の一歩が自然とついてきます。

また、厳しい言い方をすれば、不用品を売るという行動にさえ取りかかれないようなら、「起業」で成功するとは思えません。

物販は誰でもすぐにトライできる

モノって、どうすれば売れるのだろう？

「売りたい商品の画像を撮って、価格を決めて、説明文を書いてアプリで出品する」たったこれだけのことですが、物販のこの工程からは、「ビジネスに必要な要素」をたくさん学ぶことができます。

①商品画像次第で、クリック数が明らかに変わる！

フリマアプリには相当数の商品が掲載されているので、まずは商品の画像がきれいなものでないと、お客さまにクリックすらしてもらえません。画像が暗く、背景にいろいろなものが写り込んでいるものはＮＧ。商品がしっかり見えるように、白い壁を背景に、明るい場所で撮影します。この一手間だけで、商品画像に対する反応が変わります。

服の場合は、ハンガーにかけた画像と、着用画像の両方を撮影。着用イメージの画像があるだけで、売上は倍増しました。

②キャッチコピー、説明文、切り口を変えてテストマーケティング

「モデルの△△さんが、雑誌□□で着用したスカート」
というフレーズに惹かれる人もいれば、
「今シーズン、一番売れているマストバイのジャケット」
というフレーズに安心する人もいます。

反応のとれる言葉のストックを増やすため、人気雑誌の目次やキャッチコピーを研究したり、購買心理やマーケティングの本を買って、言葉の組み合わせを試したりしました。

アプリは、購入者だけでなく、「この商品いいね」と思った人がマークを押してくれるので、商品販売のテストマーケティングをするのにもピッタリです。

インターネットを使ってビジネスをする場合、〝言語力を上げること〟は必須事項。物販だけでなく、あらゆる情報発信のシーンで役立ちます。

③価格、価値、販売手法を考える練習になる!

自分が出品するものと同一ブランド、または似たような商品を、ほかの人はどのくらいの価格で出品しているのかをリサーチ。それから、**自分が出品する商品の価格を「どこに設定するか」を考えます**。

フリマ市場での平均的な価格より、値段を下げて販売することは簡単にできます。逆に、価格は少し高めでも、

「何千円以上ご購入いただいた方に、○○をプレゼントしています」

というように、〝特典〟をつけて販売したり、

「週末だけタイムセール」

と題したキャンペーンを打って、購入を促すこともできます。

個人で仕事をするにあたって「競合より価格を安くする」ことをくり返していると、負の貧乏ループに陥ります。

「あなたから買いたい」と思われる人になるブランディングや、キャンペーンなどで購入のキッカケをつくる手法を考え、価格を下げるのではなく付加価値をつけるビジネススキルを磨きましょう。

たかがフリマアプリ、されどフリマアプリ。出品すればするほど、写真の撮り方やライティングや売り方も上達し、購入者とのやり取りも（やり取りのメールは、スマホのテンプレートに保存しておきました）、より手間なくスピーディーになっていきました。

小さなビジネスでも、実践からたくさんの学びを得ることができます。

値下げ意外の方法を試してみる

失敗しないビジネスの4原則

自分の不用品が売れるようになると、次は友人の不用品を代理販売するようになりました。

物販で売上を積み上げていくには、とにかく「出品数」が大事です。そこで私は、日中間最大の貿易サイト「アリババ」を使って、中国からコスプレコスチュームの仕入れも始めることに。

クローゼットの中の不用品を売っていたときは、売上はすべて「利益」と感じていました。

一方、中国から商品を仕入れて日本で販売する「輸入転売」は、商品仕入れのために「初期投資」がかかるビジネス。しかも、やってみたところ、仕入れたものが必ず売れるとは限らず、売れたとしても、とにかく薄利だったのです。ペラペラのコスプレコスチュームを９００円で仕入れて、１５００円で売るような世界でした。

さらに、中国から届く商品は、「サイト上の画像と、色もかたちもまったく別もの！」というハプニングがよくありました。どんなに細い人でも体が絶対に通らないようなウエストサイズのコスチュームや、おかしな色のサンタ帽など、まるでギャグ（！）のような〝不備〟があることも。

部屋中に、コスプレのサンプルや在庫が溜まってきたころ、私は堀江貴文さんが提唱する「失敗しないビジネスの4原則」を知りました。

①小資本で始められるビジネス
②在庫を持たないビジネス
③利益率の高いビジネス
④定期的な収入を生み出すビジネス

これには、ビックリ！

当時私がやっていたことは、初期投資が必要で、在庫を持ち、利益率が低く、売上も安定しない――まさに失敗するビジネスモデルそのものだったのです。

これを機に、あまったコスプレコスチュームはみんな友人たちにあげて、輸入販売はピタリとやめました。

ですが、こういう経験も〝失敗〟ではなく、必ず〝ネタ〟が〝糧〟になるのです。

とにかく、やってみないことはわからないのです。

どんどん〝失敗〟を糧にしよう

モノだけでなくスペースだって商売になる

私は民泊サービスＡｉｒｂｎｂ（エアビーアンドビー：https://www.airbnb.jp/）にも挑戦しました。

当時はまだ、Ａｉｒｂｎｂはメジャーではなく、まわりの友人、知人の中にも知っている人はほとんどいませんでした。でも、旅好きな私は、

「楽しそうなサービスだ！」

と、ピンときたのです。

その頃、都内の一人暮らし用のマンションの1室に住んでいましたが、勤めていた会社で毎月数回の出張があり、プライベートでも年末年始は帰省したり、夏季休暇中は旅行に行ったりと、私は部屋を空けることが多かったのです。

「空室のときの部屋に、旅行者が宿泊する」というシェアリングエコノミーの発想も、「今の時代に、すごく合っている！」と感じました。

私はAirbnbを知ったその日のうちに、自分の部屋を登録——もちろん、物販で鍛えた経験を活かして、きれいに写真を撮り、ゲストがクリックしたくなるようなキャッチコピーと、丁寧な説明文をつけました。そのおかげか、登録した日の週末には、旅行者への貸し出しが成立していました！

インターネットが普及し、みんながスマホを持つ今の時代は、こうやってさまざまなプラットフォームが続々と出現します。ユーザー同士が世界中でつながって、こんなにもスムーズにサービスを提供したり、個人に対して決済したりできるのです。

私は東京不在時にだけ自分の部屋を貸し出していたので、宿泊するゲストと直接会う機会はありませんでした。でも、部屋に置いたノートにメッセージを残しておくと、

「いい滞在だったよ！」

「ありがとう」

と、ゲストからも手書きのメッセージの返事があるので、顔を直接合わせていなくても交流を楽しむことができました。

「日本に旅行に来た外国人が、私がいないときに私の部屋を使っている」というのは、なかなか不思議で、おもしろい感覚の体験でした。

新しいサービスも試してみよう

人より半歩先に進めば、それが仕事になる

Ａｉｒｂｎｂで外国人に部屋を貸し出して、毎月3、4万円の収入になっていることをＦａｃｅｂｏｏｋに書いたり（当時はお友だちまでの公開でした）、友人に話したりすると、

「何それ？　おもしろそう！　やり方を教えて！」

と言われることが増えました。

まわりには旅好きの友人がたくさんいましたし、日本に旅行に来る外国人と交流したい、英語でコミュニケーションを取りたいという人たちも多かったのです。

そういうニーズがあることを知った私は、ＡｉｒｂｎｂのマンツーマンのコンサルティングＬも始めました。部屋を貸し出したいクライアントと一緒に、パソコン画面で操作しながら、その場でＡｉｒｂｎｂの初期登録から部屋の貸し出しまで完了させる

という内容のサービスです。

さらに、私の実体験から得た、
＊近所の競合とバッティングしないためのポジショニング
＊部屋の予約を入れやすくするためのライティングのコツ
＊宿泊したゲストから高いレビューをもらうための秘訣
などをまとめて、特典としてプレゼントしていました。

当時は、60分5０００円程度の価格設定でしたが、クライアントにとっては一度でも部屋を貸し出せれば売上からペイできる金額だったので、とても好評で、コンサルの予約も口コミで広がりました。

私はこのコンサルの経験を通して、
「まわりの人より**少しだけ早く始めることで、先行者利益をこんなにも享受できるんだ！**」
「**情報は無形だけど、価値になる**のね！」

「半歩だけ先に進んだ自分の〝経験〟を、コンテンツにして販売することができるんだ」

「だったら、**みんながあまりしない経験に挑戦することが、希少価値の高い情報を提供できる**ようになるってことか！」

ということに気づき、身震いしました。

〝自分の経験〟を元にした「情報」を、コンテンツにしたら〝商品〟になる！

しかもこれは、堀江貴文さんが提唱する「失敗しないビジネスの4原則」の中の、

①小資本で始められるビジネス
②在庫を持たないビジネス
③利益率の高いビジネス

という3つを満たしている！

この発見は、起業後のビジネスに大きく役立ちました。あらゆる経験を「コンテンツ化するとしたら……」というアウトプットありきで取り組めるようになったのです。

すごい実績も資格も必要ない。周りの人より半歩だけ先を進んだら、その経験がコンテンツ（商品）になるのです。

あなたは、どんなコンテンツを生み出したいですか？

経験はすべてコンテンツになる

最初の一歩を踏み出せば、次の扉が開かれる

Ａｉｒｂｎｂは、やっていること自体がとても楽しいサービスなので、そのあと、現在の夫と一緒に住むようになってからも続けていました。

当時は渋谷区で２ＬＤＫの部屋に住んでいたので、ゲスト用の部屋を一つつくり、

月の半分だけ、貸し出すようにしました。世界中から来てくれたたくさんのゲストたちと、一緒にサイクリングに行ったり、お花見をしたり、新宿ゴールデン街に飲みに行ったりと、インターネットがつなげてくれた一期一会の出会いを存分に楽しむことができました。

世界中の人たちと交流ができて、英語の勉強もできて、家賃（固定費）もほぼ全額カバーできる。さらにゲストが来るたびに部屋を大掃除するので、家の中を常にきれいに保つこともできて、一石何鳥にもなりました。

そして、楽しみながら続けているうちに、ゲストからの素晴らしいレビューもどんどん溜まり、なんと私はＡｉｒｂｎｂ社から「スーパーホスト」（ゲストに最高の体験を提供し、全ホストに模範を示す経験豊富なホストに与えられる称号）に選ばれたのです！

スーパーホストになると、日本のＡｉｒｂｎｂ社から、食事会や勉強会に無料招待をしてもらえるようになりました。

「楽しいことを続けていたら、人に感謝されて、仕事になった！」

このころには、お金に対する考え方が徐々に変化していくのを実感していました。

「お金はがんばった対価として月１回会社から振り込まれるもの」という、長く自分の中にこびりついていた価値観から、

「お金はアイデアと行動次第で、楽しく生み出せるもの！」

という価値観に変わっていったのです。

お金に対する漠然とした不安をいつも抱えていた私にとって、**この価値観の変化は、まさに「見えている世界が変わった」出来事**でした。

小さな成功は次の扉のカギになる

「知っている」と「やったことがある」は違う

こうして私は、工夫をこらしながら、会社以外で月数万円から10万円程度をつくれるようになっていきました。


当時挑戦したことは、一つひとつを取り上げてみれば小さなことですが、

「できることが増えていく」

「少しずつ経済的な自由人に近づいている」

と、日々前進していることを実感していました。

「なんだかいつもモヤモヤしている」という焦燥感は、「具体的な行動」を楽しみながら一つひとつ進めることによって、徐々に打ち消されていったのです。


また、**小さな成功体験から自信を積み重ねたことで、セルフイメージも大きく変化**

していきました。

「私は何をやっても続かない、飽きっぽい人」という自身にかけていたネガティブなイメージは、

「私はいろんなことに興味を持って、フットワークが軽く、すぐに行動に移せる人」に変わりました。

「セルフイメージ」は書き換えられます。今、あなたが短所だと思っていることでさえ、捉え方を変えれば魅力的な長所にガラッと変わることもあるのです。

知識としては知っていても、やってみなければ気づかないこと、わからないことがたくさんあります。実際に、物販でも、イベントの企画でも、民泊でも、情報はインターネット上でいくらでも探すことができますよね。

でも、知っていてもそれを「やる人」はごく一部。**「実際に行動する人は、たった3％」**というデータもあるのです。**「知っている」と「やったことがある」の差は、とても大きい**。

さらに、「1、2回だけ、ちょっとやる」のではなく「徹底的にやる」人の数はもっ

と少なくなります。

つまり、やるだけで、もう、その「少数派」に入れるのです。

だからぜひ、まずは〝小さく〟挑戦できるところから、〝やってみて〟ください。階段を1段1段上ると、その度に見える景色が変わりますよ！

私はみなさんに、会社を辞めて起業することを勧めているわけではありません。でも、「お金を生み出す経験をすること」と「ビジネスセンスを身につけること」については、強くお勧めしています。

お金は、私たちが世の中に提供した価値の対価として、一つのかたちに変換されたものです。

「どうしたら稼げるか」

を真剣に考えることは、

「どうしたら世の中に価値を提供できるか」

「何が今、必要とされているか」

を真剣に考えることと同じ。

「消費者側」「参加する側」「フォロワー側」から、「提供者側」「主催する側」「発信する側」に立つようになると、見える世界は１８０度変わります。様々な視点を持つこと、そして視座を高くすることは、あなたという人間の器を広げます。これだけさまざまなビジネスを始めるツールが揃った時代。あなたならではの価値も、経済的な豊かさも、自分で生み出すことができるということを体感してみてください。

ビジネスは確実にあなたを成長させてくれますよ。

実際に行動する人はたった３％

いきなり全部がうまくいくとは思わない

当時の私は、食事会を企画して、1日で1万円の利益をつくれたことや、フリマアプリを通して、不用品がお金に代わったこと、空き部屋を数日貸し出したことなど、結果は小さくても、その一つひとつの「過程」が楽しくて、

「次は何に挑戦しようか？」

と、いつもワクワクしていました。

注意する点は、**「結果」を先に求めすぎて焦らないこと**。

「ブログを毎日書いているのですが、商品が売れません」

「セミナーの募集をかけたんですが、誰も来ないんです」

と、すぐに自信をなくさないで！

すべては、実験と改善の繰り返し。

うまくいかなかったときに、それを嘆くのではなく、

「どうしたら、もっとうまくいくのか？」

と、**うまくいきそうな方法を何十通りも考えて、それをできるだけ身軽に試していく。そうしていくうちに、データがどんどん溜まって、成功率も上がってきます**よね。

努力と結果の間にはタイムラグがあって、すぐには結果に反映されないもの。ビジネスだけでなく、ダイエットでも、スポーツでも、同じですよね。

焦らず、余裕を持って、いろいろと**工夫をしながら何度も試して、やっていることの「過程」そのものを楽しみましょう！**

「結果」に焦らず挑戦の過程を楽しむ

最初の一歩、小さな成功から
未来が広がる。

第5章

人間関係は
お金より大切だ！

「未来の私」の友人たちを先取りする

「あなたが多くの時間を過ごしている10人の平均値が、あなたの人生をつくっています」

私は会社員時代、この言葉を知ったとき、自分の場合はどうかと、当時頻繁に会っていた友人たちの名前を書き出してみたことがあります。

すると、その10人はみんな、たしかに自分と似たような女性ばかりだったのです。書き出した10人全員が会社勤めの独身女性で、年収も同じくらい、住んでいる部屋も、価値観も似たり寄ったり。似たようなことに悩み、将来に関しても同じようなことを心配していました。

今ある人間関係は、まさに自分を映す鏡なんだと、心から実感しました。

でも、当時の私は、自分の人生を、

「どこかの企業の社員としてではなく、好きなことを自分の仕事にして、お客様に感謝されながら月１００万円の収入がつくれる私になる！」

と、決めていました。

それならば、なりたい世界を実現している人たちと、より長い時間を過ごそう。一読者として、彼たち彼女たちのブログから情報を受け取るだけでなく、もっと会って話をして、一緒に時間を過ごしたいと思ったのです。

インターネットで調べてみると、数多くのセミナーや勉強会、朝会がありました。講師や登壇者は、「好きな仕事で生きている」理想的な方々です。

ただ、毎回セミナーなどに参加し続けるのは、お金がかかりすぎてしまうし、たった数時間しか彼らと一緒にいられません。

そこで私は、彼らと長く過ごすためには、自分が「一参加者」でいるのではなく、

「講師とプライベートで会うくらい仲よくなろう！」

と決意したのです。未来に向けた、新しい人間関係の始まりです。

「なりたい自分」を実現している人を探す

講師にも味方にして応援してもらえばいい

私は、新しい人間関係を築くために、参加したセミナーやイベントで、憧れる要素を持つ先輩やメンターを見つけて、プライベートでも何度も会えるような関係性をつくろうと決めました。セミナーに参加している数時間だけでなく、日常的に、彼らともっと多くの時間を過ごして、その感覚をインストールしたかったのです。

しかし、参加者として普通にしていたのでは、自分の存在は、たくさんの人の中に埋もれてしまいます。

そこで私は、

「主催者から見たとき、どういう参加者だったら、個人的にも応援したいと思ってくれるだろうか？」

ということを考えて行動することにしました。

相手の立場に立って想像する――小さいころからよく言われてきた当たり前のことですが、これを今までよりも強く意識して行動するだけで、人間関係は格段に豊かになります。応援してくれる人が増えます。愛を感じる機会が増えます。

私は**講師・主催者に印象を残すために、**たとえば**セミナーやイベントに参加する前には、「事前に講師にご挨拶のメールを送る」**ことを必ずしました。そのメールでは、主に次のようなことを伝えました。

＊講師の○○さんのことをどこで（誰経由で）知ったか

＊普段、○○さんからはどういう学びをもらって、どのくらい感謝しているか

たとえば、「○○さんがブログに書かれている△△を実践したら、こんな変化がありました。ありがとうございます」というような一言を入れます。

＊セミナーや勉強会当日は、何を学べることを楽しみにしているか
自分が具体的にどのような目的を持ってセミナーや勉強会に参加するつもりか、何を学びたいのかを伝えます。先にこれを伝えておくと、当日、そのことに関する話をしてくれたり、話を振ってくれる可能性もあります。

＊「お忙しいと思いますので、返信は不要です！」
文末には必ず、相手の時間を奪わないような配慮の言葉を添えます。

15分あればメールは送ることができます。でも、これだけのアクションでさえ、ほとんどの人はしません。やるだけで印象に残り、チャンスは広がるのに。だったらやればいいいんです。

次に、**セミナーやイベント当日に気をつけたこと**もシェアしますね。

＊絶対に遅刻をしない！

講師の立場だったら、参加者が遅刻して場を中断されるのはイヤなはず。「自分がされたらイヤなことはしない」という基本的なことですよね。

＊会場には一番乗りで着く気持ちで行こう！

早めに到着すると、こちらの気合いも伝わりますし、前のほうのよい席を選べます。セミナーやイベントの前に、講師に一言ご挨拶することもできます。

＊斜に構えない。素直な態度で学ぼう！

受講中は、「この講師はどんなもんだろ？」と、ジャッジするような姿勢や、上から目線の発言、肘をつきながら話を聴いたり、スマホを触ったりといった失礼な態度は絶対しない（セミナーに参加したとき、意外とこういう人がいて、驚いたものです。応援されないし、かわいがられませんよ）。

目をキラキラさせ、興味津々で、体が前のめりになるくらい真剣に、講師の話をうなずきながら聴きます。相手は自分が知らないことを知っている、自分が実現できていないことを実現している人。とにかく素直に学ぶことです。

＊質問することで印象に残る！

質問する人は少ないので、それだけで印象に残ります。さらに、自己紹介を兼ねた質問をすると、自分のことも覚えてもらいやすくなります。

実際、私は憧れていた本田健さんのセミナーで、心臓をバクバクさせながら１０００人の前で、自己紹介を兼ねた質問をしました。それがきっかけで、その後何人かで健さんのオフィスにおじゃまして、ランチをご一緒するという夢のような機会につながることになったのです！　これも一回の質問が起こしたミラクルでした。

＊最後まで会場に残る！　必ず一言ご挨拶を！

参加者同士で交流するよりも、講師と交流することを心がけます。自分と似たような人たちといると安心はできますが、「今の自分にとって居心地のいい相手」ではなく、「目指す未来の自分が一緒にいるであろう相手」と過ごすことを、常に心がけましょう。

セミナーやイベントのあとにも、たくさんの参加者と一線を画すポイントはいろいろ考えられます。

＊懇親会があるときは、講師の隣や前の席に座る

とにかく近くの席を確保！　そして質問をします。ここでの注意点は、質問を投げっぱなしにしないこと。

たとえば、「会社を辞めて、自分で仕事をしたいんですけど、まず何をしたらいいですか？」などと丸投げした質問は、**自分で考えることを放棄して、相手から回答だけ得ようとする、〝奪うエネルギー〟**です。

相手から、より核心に迫った答えをもらえるように、「私は今、会社でこういう仕事をしていて、こういう理由でいついつまでに会社を辞めて、起業したいと思っています。そのために、これとこれを試していて、こういう結果が出ていますが、今、こういうことがうまくいっていません。

それを解決するためには、□□をしたらいいかなと考えているのですが、○○さんだったら、どうされますか？」というように、具体的に質問します。

投げっぱなしではない、ちゃんと考えた質問をすれば、相応の答えが返ってくるし、講師にも「お、この人は見込みがあるな」と思ってもらえます。

＊その日のうちにお礼のメールを送る
これは必須です。必ず、その日のうちに送りましょう。

＊講師の魅力を言語化して、ＳＮＳに投稿する
私は当時、講師の方にスポットライトをあてて「どのように魅力的だったか」「その日、何を一番学んだか」という文章を自分の言葉で想いを込めて書き、タグ付けしてＳＮＳに投稿していました。これはご本人にもとても喜んでもらいました。自分のことやサービスをティーアップされて、イヤな気分になる人はいないはず。

しかもＳＮＳの投稿は、本人以外の人の目にもつきます。自己アピールが多いＳＮＳの投稿の中で、「自分の主張ではなく、講師にスポットをあて、魅力的に表現している人」には、見ている人も興味を抱きますし、好感も持ちます。

当時の私は、ビジネスも始めていないし、自分の商品もなかったけれど、**「尊敬する方をとても魅力的に紹介する」ことで、ご本人に喜んでもらいながら、同時に私自身の認知度も上げることができました。**

＊定期的に報告と感謝をする

「先日のセミナーで教えていただいた△△を試しました。こういう結果が出ました。○○先生のおかげです！　ありがとうございます」と、講師に進捗状況や成果を定期的に報告し、感謝を伝えるメールを送りました。そうすることで、1回セミナーに出席しただけの参加者ではなく、ときどき思い出してもらえる人になります。

キープインタッチ（連絡を取り合うこと）をし続けることで、講師の「脳内シェアを取る」（記憶に残る）ことができるし、何かあるときに声をかけてもらえる機会も増えます。講師や主催者たちとプライベートでも会える人間関係がどんどん広がりました。

相手の立場を想像したコミュニケーションと、礼儀正しく素直な態度をとることで、彼らの「応援してあげたいな」という気持ちを味方につけることができます。豊かな成功者はみんな、まわりにもたくさんのチャンスを与えたい、育てたいと思っているのですから。

「今の私には、まだ何もないから……」

と、謙虚になりすぎず、

「今の私でも、相手にいい印象を与えることはできる！」

「相手の力になることだってできる！」

と、想像力を広げて、相手もハッピーにする行動をとっていきましょう。

コミュニケーション力を鍛えること、たくさんの人に応援される環境をつくること、これらはビジネスに限らず、あなたの人生そのものを豊かにしていきます。

相手に好かれて、いい人間関係をつくる

Work

▼あなたのまわりにいる人を誰かに魅力的に紹介するには、どんなところをどのように伝えればいいでしょうか。３人選んで書き出してみましょう。

人のいいところを見つけて言語化する習慣は、あなたの人生そのものもハッピーにしていきます。

相手の「脳内シェア」を取る人は成功する

「脳内シェア」については、私が起業後、セミナーやアカデミーの講師として多くの受講生たちを見るようになってから、確信をより強く持つようになりました。

応援を味方につける受講生は、共通して、講師の脳内シェアを取ることが本当にうまいのです！

前項でも述べましたが、**礼儀正しく、素直に学び、誰よりも行動し、結果を報告して、感謝の言葉を言える人**のことは、どう考えても、まわりは応援したくなりますよね。さらに彼女たちは、**メールなどで定期的にコンタクトを取ってくれる**ので、たくさんいる受講生の中でも、講師の記憶に残りやすいのです。

つまり、**相手の立場を想像しながら行動できる人は、相手の脳内シェアを取って応**

援を味方につけるのがうまいということ。

講師に学ぶときだけでなく、ビジネスのシーンでも、恋愛のシーンでも、人間関係の中ではみな同じです。

相手の脳内シェアを取るのがうまい人は、成功しやすいのです。

みんなあなたを応援したがっている

成功者と話すとき注目すべきは？

私はセミナーやイベントなどに参加しながら、尊敬する先輩たちやメンターと、プライベートでも一緒に過ごす機会を増やしていきました。

また、そうして彼らを近くで観察したり、話を聞いているうちに、

「憧れの働き方やライフスタイルを実現している人たちも、みんな最初は初心者だったんだ！」

「みんな試行錯誤を重ねながら、ただただ、行動をやめずに実践し続けることで、理想の人生を実現していっているんだ！」

ということが、さらに腑に落ちてきたのです。


成功者を見ると、どうしても彼らの輝かしい「実績」や、出している「結果」に目を奪われがちですよね。でも、本当にヒントを得たいなら、注目すべきは、「結果」ではありません。**彼らがそれを実現するまでの「過程」の中に詰まっている**のです。

私も彼らのスタート時期の話を聞けば聞くほど、大きな勇気を受け取ることができました。

「実績」や「結果」だけを見て、落ち込んだり、比較したりするのではなく、

「どんな小さなステップが、今の彼らをつくったのか」

「今の自分が取り入れられる要素は、何か」

と、「過程」に注目をしていきましょう。

成功者の実績より過程にこそヒントがある

コミュニケーションを幸せに変える3つのチカラ

豊かな人間関係を続けていくためには、次の〈3つのチカラ〉が必要です。

①上（先輩など）から引っ張り上げてもらう、応援してもらう、可愛がってもらうチ

カラ

②横（同期や同じような立場の仲間）**同士で切磋琢磨し、刺激を与え合い、成長し合い、助け合うチカラ**

③下（後輩、年齢や経験が浅い人）**に対して、応援し、機会を与え、彼らのステージを引き上げるチカラ**

ここで大事なのは、この〈３つのチカラ〉によって、「上と横と下の全方位」にエネルギーを循環させていく「**全方位循環**」です。

先輩方から可愛がられても、自分だけがおいしい思いをすることに執着して、流れを自分のところで止めてしまう人がいますが、それだとエネルギーは一方通行になり、大きな循環はしていきません。止めずに、より大きく、ダイナミックにまわしていくのです。

例えば、尊敬する先輩方から役立つ情報を教えてもらったり、応援してもらえたりしたら、それを自分のところで止めてしまうのではなく、仲間や後輩にもどんどんシェアしていきましょう。

教えてもらったことを仲間にも教える、新しい経験ができそうな場には後輩も連れていく、人を紹介する場をつくる……などをすることで、**人とのご縁も、与えるエネルギーもどんどん広がり、「幸せの連鎖」が続いていきます。**

つまり、自分だけでなく、自分とかかわる人も幸せにするための選択をしていくことで、あなたのまわりは幸せな人たちばかりになって、あなたにも徳がどんどん積まれ、さらにいいことが起こるようになっていく——それが、よいエネルギーを大きく循環させるということなのです。

人間関係は、もちろん悩みの種にもなり得ますが、人生の幸福をより大きくする、一番大事な要素だと私は思っています。

ぜひ「全方位循環」を意識してください。

人間関係は全方位にエネルギーをめぐらせる

その人はあなたにとって本当に必要な人？

あなたが挑戦をしたり、新しい世界に向かおうとするとき、それまでの人間関係は必ず大きく変化します。

ここでは、その人が「今のあなたに必要な人かどうか」を見極められる、簡単な方法を紹介します。

それは、**人と別れたあとに、「あなたが感じる余韻」を注意深く観察してみること**です。会っている間は、楽しくおしゃべりをして盛り上がっていたとしても、別れたあとに、

＊なんだか、どっと疲れた
＊エネルギーを取られた気がする

＊その人の言葉が違和感として残り続けていて、心がザワザワする

といったことを感じたら、その人とは、もう会わないことをオススメします。

今のあなたに本当に必要で、よい影響を与えてくれる人は、別れたあと、次のような幸せな気持ちにしてくれます。

＊心がホカホカする
＊その人の言葉がパワーになって、あなたの背中を押してくれる
＊優しい愛で満たされたような気持ちになる

〝余韻〟が、全然違うんですよね。

誰かと会ったあと、あなたがどういう状態になるのか、**「余韻」に注目**してみてください。今のあなたの人生に本当にかかわるべき人なのかどうかは、そこでわかります。

ハートの〝余韻〟に敏感になる

人には明確な目的を持って会いに行く

私は、人とはいつも目的を持って会うようにしています。

お互いに、命のかけらである時間を1時間、2時間と使って会うのだから、せっかくならそのときを最大限に有意義なものにしたいですよね。

先輩経営者にお時間をもらえるときはもちろん、仕事仲間や、友人と会うときも、**その人にとって役に立ちそうな情報や、今日聞きたい話などをスマホにメモしてから会う**ようにしています。

会う前から、その時間を想像して、

「この話、したいなあ！」

と思いながらメモするので、ワクワクする気持ちが増します。


私は日常のおしゃべりの中でも、相手や自分が何に興味を持っているのか、どんなことを考えているのか、ワクワク、ドキドキするような会話をしたいと思っています。

そして会ったあとには、相手にも、

「今日、あなたと会ってよかった！」

「いい話が聞けた！」

「元気をもらえた！」

という気持ちになってもらえたら、嬉しいですよね。


また、自分で仕事をするようになってからは、人と会う時間はだいたい明るい時間を使うようにしています。

なんとなくダラダラと長くなりがちな夜に会うよりは、**朝食の2時間、ランチの2時間、お茶の2時間と決めたほうが、お互いに時間に対する緊張感も生まれ、会話の**

内容も濃くなりますよ。

「もうちょっと話したかったな」

と、思うくらいのところで切り上げるほうが、いい関係は長続きするものです。

いい緊張感はいい関係を長続きさせる

感情的なトラブルを起こさない4つのステップ

会社にいても、家庭にいても、自分で仕事をしていても、私たちは日々さまざまな局面に向き合います。

私たち女性にとって、「**自分の感情の扱い方**」は、とても大きな課題です。

「つい感情的になって、言ってしまった。本音ではなかった」としても、一度口から出た言葉は取り消すことができません。その一言で、人間関係にヒビがはいってしまうことも、十分にあり得ます。

誰かの信頼を得るには、たくさんの時間がかかりますが、それが壊れるのは、一瞬だったりしますよね。

私も過去に、自分の感情に振り回されて、何度も自分にガッカリしたことがありました。

感情の出し方によって自滅することがないようにしましょう。余計なトラブルを引き起こしてその火消しにエネルギーを使ったり落ち込んだりするよりも、未然に防げることは防ぎたいですよね。

〈感情的なトラブルを引き起こさない４つのステップ〉

①すぐに反応しないで、持ち帰って寝かす

こちらも感情的になって、同じ土俵で言い合っても何も解決しません。「**感情的に**

なっているときは、その場で意思決定をしない」と、自分に言い聞かせます。

怒っているとき、疲れているとき、身体的・精神的にエネルギーが下がっているときの自分は、本当の自分ではないと考えます。

その場では反応せず、できたら早めにそこから立ち去り、まずは1日、時間を置きます。一度眠ることで、翌朝には感情はクールダウンしていて、より客観的に、冷静にその出来事を眺められます。

とにかく、即、反応してしまうことは、いい結果を生みません。

②相手の合理性を推測する

相手が言った言葉が、自分にとっては理不尽だったとしても、相手にとっては合理的であり、それを言う理由が必ずあるのです。「ひどいことを言われた！」「傷つけられた！」と、自分サイドの感情でジャッジせずに、一度視点を変えて、その人の立場に立って理解しようと試みます。

③自分の立場は明確にするが、そのあとは相手の意思も尊重する

自分の立場や感じたこと、意見は相手に明確に伝えますが、そのあと、相手がどう行動するかは相手に任せます。それは、相手の自由意思をこちらが守ることで、その人もこちらの自由を認める可能性が高まるからです。

④自分が一番尊敬する人の顔を思い浮かべる

実はこれが一番効くのですが、**「自分が尊敬する人だったら、この場でどう振る舞うだろうか？」と想像して行動を決めます**。そのためには、身近にいて具体的に思い浮かべられる「尊敬する人」や「メンター」を持つことです。その存在があるだけで、あなたの心の軸の支えとなってくれるでしょう。

この〈4つのステップ〉を踏むことで、感情的なトラブルを最小限に抑えることができて、自分の中のイヤな思いが浄化されるはずです。

とくにあなたが「変化」をしていくときは、それまで近くにいた人ほど、何かを言ってきたがるものです。

誰に何を言われても、まったく気にならないような強靭なハートを持つことは、なかなか難しいものですが、**「誰かに何かを言われたときの、自分なりの対処法」を決**

めておくと、冷静に対応できるようになります。

感情的なトラブルで自滅しない

愛と応援の気持ちで相手をつつむ

人と出会う機会が増えると、人間関係について考えることが多くなります。本当に信頼できる人間関係は、自分や相手がどんな状況でも、どんなにうまくいっていないときでも、変わりません。

私はクライアントや友人、尊敬する先輩たちと会ったあと、いつも彼女たちの後ろ姿に、「祈りの気持ち」をおくるようにしています。

「この人が、幸せな毎日を過ごせますように」

と、愛や応援の気持ちをポンとその人の頭に置いてベールで包むイメージです。

この祈りの気持ちは、たとえ相手に直接会っていなくても、イメージの中でおくることもできるし、誰かがおくってくれていることに気づく心を持つことで、温かく受け取りつづけることもできます。

つながりを感じることで強くなれる

たとえば家族やパートナーのような大切な人たちは、あなたにいつも、祈りの想いをおくってくれています。物理的に離れていてなかなか会えないとしても、大切な人の祈りの気持ちが、いつも自分をオーラみたいに守ってくれている……。

そのことに気づくだけでも、私たちは心を強く持てます。

私たちはみんな、大切な人たちからの愛や想いに守られているのです。

充電ができるホームを持つ

外でさまざまな出来事に出合う私たちにとって、戻れるホームは本当に大事です。ホームとは、人によっては家族でもあるし、自分が育った実家や故郷の場合もあるでしょう。仕事とは一切関係のない人とのコミュニティ、ということもあるかもしれません。

変わらずに自分を迎え入れてくれる大切な人や場所。私の場合、ホームは自宅と夫です。精神的な安全と、充電が約束された場所。

一昔前は、「女性が仕事で経済的に自立すること」と「おだやかな家庭生活を送ること」は、トレードオフの関係で、どちらかを得るとどちらかを失いがち……というパラダイム（規定概念）だったと思います。

今は、「**経済的な成功**」と「**おだやかな家庭生活**」は、**シナジー**（**相乗効果の関係**）で、両方がうまくいって当たり前というパラダイムを採用する人が、多くなっているのではないでしょうか？

どちらかを得たら、どちらかを諦めないといけないものではないですよね。

実際に、私のまわりの諸先輩方を見ていると、お子さんがいても、夫婦2人でも、仕事と家庭の両立がうまくいっている女性たちが、本当にたくさんいます。

「両方とも、うまくいく」——せっかくなら、そちらのパラダイムを採用しませんか？

両方うまくいって当たり前

結婚生活は「会社運営」と同じ

ここで少しだけ、パートナーである夫のことを書きますね。

彼とは、会社員時代に出会いました。彼も30歳のときに起業し、フリーランスで仕事をしています。

共通の友人たちも多く、実は以前も数回会ったことがあるそうなのですが、私は彼の存在にまったく気づいていませんでした。そのころの私は、〝結婚すること〟ばかりに執着していて、男性を条件だけで見ていたからです（笑）。

でも、**私が「自分の人生」を生きる決意をして過ごし始めたら、彼はちゃんと視界に入ってきてくれました**。そして、お付き合いをして半年後に、結婚を決めました。

夫とは、今日あったこと、仕事のこと、そして、うまくいっていることも、うまくいかないことも、なんでも話します。お互いに旅が一番の趣味なので、今は毎月のように国内外を2人で旅行しています。

かつて私がノートに書いていた未来――「平日、旅行に行ける生活」は、夫と一緒に実現できるようになりました。

また、ずっとスポーツをしていて健康志向の彼と生活を始めたことで、毎朝一緒にウォーキングをしたり、週2回はパーソナルジムに通ったり、彼が参加するハワイのトライアスロン大会に応援しに行ったり。

私一人だったら、やっていなかったようなことにも挑戦できて、人生の幅が広がり、幸せを感じる機会が日々増えています。


それぞれの時間を縛り合うことをせず、彼は私の仕事を応援してくれていて、私も彼が追求しているやりたいことを、応援しています。

仕事と同じく結婚に関しても、日々アップデート中ですが、お互いに尊敬し合いながら、一致団結して過ごしていければと思っています。

家族で目指す未来を共有する

いい人間関係は
自分の幸せを育てる。

第6章

情熱的にいますぐ
スタートしよう！

毎日夢中で取り組めることに絞る

朝会やイベントの企画、物販、アフィリエイト、Airbnb、そのコンサルなどで、約1年かけて「会社以外の収入」をつくる実践を重ねた私は、ついに会社を辞める日を決めました。

そして、資格を取得した「コーチング」で、起業することにしました。

コーチングとは、対話や質問を通してクライアントの悩みを解決したり、目標達成をサポートしたりする手法。私は人と会うことや、話を聞くこと、そして人を応援することが大好きだったので、

「最初は大したお金にならないとしても、これを仕事にしたら、きっと毎日夢中で繰り返せるはずだ！」

と確信を持ったのです。

30歳を過ぎて会社を辞めるというチャレンジをするのです。「そんなにワクワクはしないけど、お金になりそうなこと」（私にとっては物販やアフィリエイトがこれでした）ではなく、**「とにかく好きで夢中になれること」を選ぶことだけは決めていました。**

自分が情熱を持って取り組めることを全力でやり続けていたら、絶対にお金はついてくると確信していたからです。

今でも忘れもしない第一回目のコーチングセッションは、緊張の連続でした。

最初のクライアントは、Ｆａｃｅｂｏｏｋからのお申し込みで、初めてお会いする方。ホテルの喫茶店で、クライアントと向き合い、コーチングセッションをしました。

クライアントの一つひとつの言葉に全神経を注ぎながら、さまざまな質問やその答えに対するフィードバックを進めるうちに、相手の表情はどんどん変わっていきます。そして、ときどき涙ぐみながらも、最後には大きな笑顔になっていったのです！

それを見て、私も、

「目の前の人が、こんなふうに喜んでくれるなんて、なんて幸せな仕事なんだろう！」

と、本当に本当に感動で胸がいっぱいになりました。


「つまらない」と思いながらしぶしぶ取り組む仕事と、

「目の前の人の役に立っている！」

「クライアントが喜んでくれて、コーチングをしている私も幸せ！」

と感じながら仕事をするのとでは、湧き上がるエネルギーも、体感する時間の質も、まったく違うのです。


好きなことを仕事にしたら、こんなにやりがいのある毎日が続くんだ！

なんて幸せな働き方なんだろう！


私のコーチデビューとなったこのセッションは、もちろん反省材料もとても多く、収入の面でも交通費やお茶代を引けば、2時間の仕事の利益は1000円程度。

それでも、目の前のクライアントが、

「セッションを通して、モヤモヤしていた悩みがスッキリ整理されました！　次のステップも明確になりました。また次回、ぜひお願いします」

と喜んでくれたことが、本当に嬉しかったのです。

どんな挑戦にも、最初の一歩が必要です。

それがなければ、私たちは進むことができません。何に関してもそうですが、「知識」は学んでいても、実践を積まなければわからないことは、たくさんありますよね。

頭の中で想像し続けて、一歩目が重く重くなる前に、まずはポンと、足を前に出してみましょう。最初のスタートさえ切ったら、次の二歩目は自然に前に出るのです。

24時間やれるくらい好きなことは仕事になる

最初は大きなビジョンなんてなくていい

起業の一歩目をスタートしたら、最初は先行きの心配に意識をとられわれずに、**とにかく目の前のお客様に集中すること**です。

「この人のために、私ができることはなんだろう？」

と、目の前の一人、一人としっかり向き合い、一つ、一つ、提供していく。たとえたった一人のクライアントからのスタートだとしても、その**相手から信頼されることで、自信は確実についていきます**。

そして、数は少なくてもクライアントからしっかりと信頼を得ているあなたの様子を他人が見たとき、安心感につながっていくのです。

信頼が少しずつ積み重なり、次のお客様から次のお客様へと連鎖していきます。

あなたが本来の役割と違うことを無理にしているときは――まるで下りのエスカレーターを必死に上っているような感覚になります、エネルギーはどんどん消耗していって、１日を終えるといやな疲れでぐったり。翌日をパワフルに迎える気力がない。しかも気を抜くと、エスカレーターに乗ったまま下がっていってしまう不安も抱えるかもしれません。

しかし、あなたが本来の役割を生きられるようになると、さながら高速回転プールの水の流れに乗るように、人や運気や出会いなど、さまざまな応援に押されて、エネルギーに満ちながらスイスイと流れるように毎日が進みます。それが「あなたの役割」を全うできている証拠なのです。

世界には、あなたにしかできないことが必ずあります。

世界は、あなたが自身の才能に気づき、開花することを待っています。

最初は、自分のことだけを考えているような目標でもいいのです。大きなビジョンや、立派な使命などなくても構いません。


「もっと家族との時間を増やしたい！」

「平日、旅行に行きたい！」

「ワクワクする仕事をしたい！」


そんな欲求からのスタートでもいいのです。そこから始めていくうちに、その先で自分の〝お役目〟のようなものに少しずつ気づければ、私たちは、さらに大きな力に応援されて、加速しながら進んでいくことができます。

私も最初はただただ、

「会社に通い続ける人生で終わりたくない！　自分の仕事で稼げるようになりたい」

「せっかくの人生を、もっと楽しく生きたい！」


という想いだけで行動していました。

最初はそれでいいんです。なぜなら、あなたがあなたを満たさない限り、ほかの誰かにエネルギーを送ったり、世の中を１ミリでも動かしたりすることはできないのですから。

欲求から始めてもビジョンはみつかる

スタートするときは、とにかく一点集中突破！

私は「コーチングで起業する」と決めたその日に、それまでやっていた物販やアフィリエイト、Ａｉｒｂｎｂとそのコンサルなどを、一日全部やめました。

「とにかく、寝ても覚めても24時間、〝未来シフト・コーチング〟をクライアントに

お届けすることだけをしよう！」
と決めたからです。

『エッセンシャル思考』（高橋璃子訳、かんき出版）を書いた、アメリカ・シリコンバレーのコンサルティング会社のCEO、グレッグ・マキューンも著書で言っているように、複数の事柄を同時に実行するマルチタスクは、実はエネルギーを分散させるので、非常に効率が悪いのです。マルチタスクをし続けていると、どの分野でも結果が出るのが遅くなり、結局、どれも中途半端になります。

大きく変化をしようとする時、不安から、「あれも」「これも」といろんなことに手を出したくなる気持ちもわかります。でも、意識と行動エネルギーを分散していたら、本当に突き抜けたいところで突き抜けることはできませんよね。

まずは、やることをより少なく、やめる、捨てる。寝ても覚めても24時間、そのことばかりを考えているくらいの「**一点突破**」**で意識と行動エネルギーを集中させると、結果が出るまでのスピードも、圧倒的に速くなります。**

また、最初から質や完成度の高さを求めていると、一歩目がどんどん重くなり、動けなくなってしまいます。最初は徹底的に量をこなす。そうしているうちに、質もどんどん向上していくのです。

これは「量質転化の法則」とよばれています。量をこなすうちに質が上がればさらに量もこなせるようになります。

「もっと、ちゃんとできるようになってから」

と考えていると、いつまでたってもスタートは切れません。人は常に変化し続けているので、そのときそのときの「ベスト」を尽くしながら成長していくしかないのです。

とにかく最初こそ圧倒的に行動して、現実を動かしていくことで、次の扉は開いていきます。

あなたにはその力が必ずあります！　変化を恐れず、進んでみましょう。

マルチタスクよりエネルギーの集中

相手は何を期待しているのだろう？

私たちが目指すビジネスの基本は、

「お客様の課題を解決すること」
「お客様をよりよい状態にして、よりよい未来へ向かうお手伝いをすること」

です。

私は、起業初期は「未来シフト・コーチング」というサービス名で、コーチングを提供していました。

でも当時は、「コーチング」という職業が今ほど一般的ではなかったので、「コーチングの体験セッションをしてみませんか？」

と、何度言っても、その手法自体を知らない方からすれば、

「それ、何？」

と、頭の上に「？」マークがついてしまったのです。

その反応を見て、私は、

「手法ではなく、このサービスがあなたの課題をどう解決するか。あなたをどう幸せにするか」

ということを伝える必要があると気づいたのです。


そこで私は、体験セッション募集の文章を、こう変えました。

「対話と質問で、あなたの頭の中のモヤモヤを一度テーブルの上に広げて、一緒に交通整理していきましょう。セッションが終わったあとは、モヤモヤの原因と、それを打ち消す具体的な行動がわかって、頭の中がスッキリします。あなたの悩みを整理し、未来をシフトする〝未来シフト・コーチング〟体験セッション募集中」

自分の仕事を広げていくためには、「集客」のノウハウや、ホームページのつくり方、SEO（サーチエンジンの最適化）を意識したブログ記事の書き方、広告の使い方……といった「**手法**」**にばかりとらわれないこと、**「**専門的な言葉**」**を使いすぎないこと**です。

まずは、**あなたのサービスの素晴らしさを、目の前の人に伝わるように言語化していくこと**が大事です。

何も難しく考える必要はありません。

「**目の前の人はどう変わりたいと思っているのか？**」**を常に見る観察力を大事にすればいい**のです。

あらゆる人が観察の対象になります。ノウハウにとらわれず「目の前の人をしっかり見ること」こそビジネスを育てます。

観察力と想像力を鍛える

大きな夢の、小さいサイズをすぐにやる

私が会社員時代に『ユダヤ人大富豪の教え』（大和書房）の著者として有名な、ベストセラー作家・本田健さんの講演に行ったときのことです。

私は、1000人で満席になった会場の後ろのほうの席で、ステージに立つ本田健さんの講演を聴いていました。マイク1本を持って、ライトの当たるステージの真ん中に立った健さんの話に、会場の全員が夢中になって聴き入っていました。時に笑い声が起きたり、泣いて鼻をすする音が聞こえたりと、まさに会場全体が一体となっていたのです！

講演はあっという間に終わり、私は会場をあとにしても、胸がずっとドキドキしていて、体の内側からエネルギーがどんどん湧いてくるのを感じていました。その日の

健さんの話や、会場の雰囲気が頭から離れず、

「私もいつか健さんのように、大勢の人の心や人生を動かすような講演ができるようになりたい！」

と、思いました。

当時の私のメンターに、

「〝いつか〟私も、健さんのようにたくさんの人の前で講演をしたいと思っています！」

と話すと、彼女は、

「じゃあ、**その夢の小さいサイズを、すぐにやってみたらいい**ですよ」

と、笑顔でアドバイスしてくれました。

「いつか１０００人のお客様の心を動かすような講演がしたい」という夢を見ている

のなら、まずはその小さいサイズ――たとえば１００人、10人、５人、２人、そして１人の心を動かすような場をつくること――をやってみるということです。

この「**大きな夢の、小さいサイズをすぐにやる**」という考え方に、私は衝撃を受けました。

１０００人の前で講演をするためには、

「テレビに出演したり、本を出版できるくらい有名にならなければ！」

と考えると、気が遠くなり、実現までの道をリアルに想像することは、とてもできませんよね。

だったら、まずはリアルにイメージできる5人の前で話してみる。たとえ人数が少なくても、目の前の人の心に、自分の想いがしっかり届くように話をしていったら、その先にある、１００人、３００人、１０００人を目の前にした講演にも必ずつながっていきます。

その考え方で、私は視界が途端に開けたような気分になったのです。

たとえば、「いつか、海外に住みたい」という夢があったとします。そのために、「海外で仕事ができるように、今は資格取得に向けた勉強をしています。資格を取ったあとは、〇〇万円を目標に、貯金をしようと思います」

と言って、がんばる。

これは一見、夢とつながっているように見えて、実はそうではないということです。

「いつか、海外に住みたい」という**大きな夢があるのなら、その夢の小さいサイズを実現する**。

つまり、将来住みたいと思える街を見つけるために、定期的に海外に行って視察し体感したほうが、資格取得や貯金よりも、本来の目標にずっと早く近づけるのです。

実際、私はこのあとすぐに、「本田健さんの講演からの学びと感じたことのシェア会」を企画し、5人の友人たちに対し「伝える」「教える」という場をつくりました。私の講演の夢は、こうした小さなサイズから始めたことで、その後相手が10人になり、30人になり、起業後2年目には530人のセミナーを主催し、ステージで話すという現実にまでつながりました。

まだ1000人の前で話したことはないけれども、道の先にはそういう未来もきっと待っていると思っています。

さあ、あなたも、大きな夢の小さなバージョンに、今すぐ取り掛かってみましょう！

▼ “いつか”ではなく、今すぐにやってみる

夢中になれることを
ひとつだけ、ミニサイズから。

第7章

想像以上の未来へ
シフトしていこう！

「私はこういうタイプ」に執着しすぎない

人生を何度もアップデートできる人は、みんなとても素直で柔軟です。

私たちは誰でもこだわり——思い込み、先入観、偏見など——これまで自分の行動の足かせとなっていた考え方や習慣、人間関係を持っています。

けれども、

「私は、こういう性格だから」
「これが、私だから」
「絶対に、こう！」

ということにこだわりすぎると、新しい価値観やマインドをなかなかインストールできなくなってしまいます。「私はこういう人間だ」という固定観念が、自分を成長させるための一番の障壁になってしまうのです。

だから、今までの自分にこだわらず、いろんな価値観を知り、その中で、自分に採用するかどうかを決めればいいのです。それには、まずは聞く耳を持つことです。

これはもちろんビジネスでも同じ。すこし成功をすると、そこに執着したくなりますが、成功体験や実績や、やり方にこだわっていると、次の変革がどんどん難しくなっていきます。

執着を手放し、新しい価値観を柔軟に採用する気持ちでいつづけましょう。

私もみなさんと一緒に、素直にこだわりを消していきます。真っ白なキャンバスには、また、新たな美しい絵を描けるはずです。

執着を手放したら想像以上の自分になれる

欠点こそ思わぬ〝輝きのヒント〟

実は「欠点」に見えるところこそが、後の〝強さ〟に変換されることもあります。

「自分の素晴らしいところに注目しよう」

多くの自己啓発本にはそう書かれていますが、**「素晴らしいところ」だけでなく、**

たとえば、私は20代前半のころ、赤面症でした。

会社で自分が発言する機会があると、たとえ数人の前でも、すぐに緊張し、喉がカラカラになり、顔がカーッと赤くなってしまうのです。自分でそれがわかるので、

「赤くなっているのが見られる」

「恥ずかしい」

と意識し、ますます顔が赤くなってしまって……。

当時は、それが本当にイヤでした。

でも、同時に、

「もっとうまくしゃべれるようになりたい」

という自分の願望を知ることにもなりました。

コンプレックスを感じながらも、プレゼンがうまい人、人をひきつける話し方をする人に、強烈に憧れていたのです。

それからの私は、社内でプレゼンや話がうまい人を観察したり、話し方に関する本を読んだり、海外の女優たちのスピーチ動画を見たりしながらリサーチし、少しずつ自分に取り入れていきました。

その結果、赤面症で数人の前でも真っ赤になっていた私が、今では数百人の前でも臆することなく話せるようになり、人からも「伝え方がうまい！」と言ってもらえるようになりました。

本当に克服したい欠点は、「よくなりたい！」という願望の裏返しだったりもするので、後々「強み」に変えるきっかけにもなり得るのです。

今、欠点だと感じる部分でも、それが〝輝きのヒント〟になることがあるのです。

そこに気づいて、ぜひ大切に育ててください。

マイナスさえも逆転のチャンスに

自分自身を最強の味方に変える

あなたを一番応援できるのは、ほかの誰でもない、あなた自身です。

あなたが口にする言葉を一番近くで聞き続けているのは、あなた自身。あなたの人生を選択できるのも、あなた自身。

自分に対してダメ出しをしたり、批判したり、見くびったり、頭の中でネガティブな言葉が習慣のように出てくるのだとしたら……。まずは、自分をいじめるクセをやめるところからすぐに始めてください。

自分と仲良くならなければ、挑戦することや変化することは、こわくて選択できないはずです。

最初に変えるべきは、自分にかける言葉たち。
口に出す言葉や、心の中で感じることは、あなたが自由に選べます。

「がんばっているね」
「今日も幸せだね！」

うまくいかないことがあっても
「大丈夫、大丈夫。最後はきっとうまくいく」

いつだって自分自身が最高の味方でいつづけて、応援の言葉を送ることが習慣になっていると、常に心強い状態でいられて、気持ちが前を向き、次へ進むエネルギーもメラメラと湧いてくるはずです。

「今日は昨日の自分より、成長できた」
「人に優しくできた！」

「できなかったこと」や「足りないもの」ではなく、「できたこと」や「あるもの」にいつも意識のフォーカスが合っていると、なんでもない1日の中でも幸せを感じる時間が長くなります。

幸せを、いつでも感じられる人は本当に強い。

自分を信じ、応援ができる人は、他人に対しても同じように信じ、応援することができるようになります。

自分へのダメ出しはやめて、自分自身が誰よりも最高の味方でいつづけましょう！

どこにいっても、自分は一生ついてくるのですから。

自分を信じられると人も信じられる

今日があなたの「人生の転機」と決めて

散らかったマンションの部屋に一人ぼっち。気持ちもお金もいつもギリギリ生活。

「目標も情熱もなく、使えないやつ」

「飽きっぽくて、何も続かない人」

私は自分のことをそう評価していました。

仕事も、お金も、人間関係も、なにもかも制限ばかりだと思っていました。

でも、30歳の誕生日を「今日を人生の転機にする」と決めたことで、未来は過去の延長線上ではなく、想像もしていなかったような輝く未来につながったのです！

好きな仕事に夢中になり、お金も大きく循環して、大好きな人たちばかりと会う毎日です。

私は、みんなが「未来を自由に選ぶ力」を持っているということを伝えたい。

その力はすでに、あなたの内側にあるのです。

人生が変わるのは、ほんの一瞬の出来事。

あなたが新しい未来を選び取ろうとするとき、たくさんの壁が立ちはだかって、本気度を試されるかもしれません。

大丈夫です。あなたには必ず、それを乗り越える力があります。

「執着」を手放し、結果に対する不安は捨てて、未来への「過程」そのものを人生の楽しみにしながら進んでいきましょう！


「人はいつからでも変われる」

「〝今日が人生の転機〟だと決められる」

「世界は、あなたが才能に目覚めることを待っている！」


さあ、今日を人生の転機だとデザインしましょう。

一緒に新しい扉を開いていきましょう！

未来を自由に選ぶ力はすでにある

あなたは未来を
自由に選べる。

おわりに

「それなりに真面目にがんばってきたのに、なんでこの程度の人生なんだろう」

変わりたいけど変われない……そんな（昔の私のような）女性たちにエールを送り、具体的な一歩を踏み出してほしいと、エネルギーを込めてこの本を書かせていただきました。

あなたの人生の主人公はあなたです。

あなたの中には、未来を自由に選ぶ力がすでにあります！

一緒に輝く未来を思いきり生きましょう。いつでも応援を送っています。

鈴木実歩

鈴木実歩（すずき みほ）
未来シフト株式会社　代表取締役
静岡県出身。会社員だった30歳の誕生日に「金なし、夢なし、彼氏なし」の状況に絶望し、人生を変えようと決意。10年間の会社員生活を卒業して女性に向けたコーチングでゼロから起業。予約の取れない人気コーチとなる。その後「経済的にも精神的にも自由な女性を増やしたい」と、女性のための起業塾を開講。東京・大阪・名古屋・福岡のほかNY、シンガポール、バンコクでもセミナーやアカデミーを主催。3年間で延べ3000人以上の女性と関わり、好きな仕事で起業する女性を数多く送りだす。会社設立後は1年目、2年目と年商1億円を突破。地上波テレビで人気講師としても密着取材される。

現在は「ビジネス・マインド・生き方・旅」などをテーマに、幅広い女性に向けセミナーやオンライン教材を提供。同じく好きな仕事で生きる夫とは毎月国内外を旅して各地で仕事をするライフスタイルを楽しみ、未来をシフトする仲間を全国に増やしている。

無料メールマガジン「未来レター」 http://miraishift.com/mail/

未来を自由に選ぶ力

2018年1月25日第1版第1刷発行

著　者　　鈴木実歩
発行者　　玉越直人
発行所　　WAVE出版
〒102-0074　東京都千代田区九段南3-9-12
TEL 03-3261-3713　FAX 03-3261-3823
振替 00100-7-366376
E-mail: info@wave-publishers.co.jp
http://www.wave-publishers.co.jp

印刷・製本　萩原印刷

NDC159　191p　19cm　ISBN978-4-86621-121-3